谨以此书

纪念马国兴先生（1943.9—2011.6）

逝世十周年

勿使前辈之遗珍失于我手

勿使国术之精神止于我身

太极拳论

马国兴释读

马国兴 注释 · 崔虎刚 整理

图书在版编目（CIP）数据

马国兴释读太极拳论 / 马国兴注释；崔虎刚整理
. — 北京：北京科学技术出版社，2021.1
ISBN 978-7-5714-1259-3

Ⅰ. ①马… Ⅱ. ①马… ②崔… Ⅲ. ①太极拳—研究
Ⅳ. ① G852.11

中国版本图书馆 CIP 数据核字（2020）第 254679 号

策划编辑：王跃平
责任编辑：苑博洋
责任校对：贾　荣
责任印制：张　良
封面设计：何　瑛
出 版 人：曾庆宇
出版发行：北京科学技术出版社
社　　址：北京西直门南大街 16 号
邮政编码：100035
电话传真：0086-10-66135495（总编室）
0086-10-66113227（发行部）
网　　址：www.bkydw.cn
印　　刷：保定市中画美凯印刷有限公司
开　　本：710mm × 1000mm　1/16
字　　数：151 千字
印　　张：13
插　　页：4
版　　次：2021 年 1 月第 1 版
印　　次：2021 年 1 月第 1 次印刷
ISBN 978-7-5714-1259-3

定　　价：79.00 元

前　言

马国兴先生，祖籍河北肃宁，出生于北京，七岁启蒙，随父修炼传统拳术内、外功夫及基本攻防技法，功夫早成，青年时期即练就“骨响齐鸣”之功。后回到祖籍地，随其堂祖马金铎、表祖柳明三、师爷田京奎三人继续深造，常以其中一人之秘授打法求教另一人之破法，再于第三人处印证，循环往复。十年后，终至实战攻防懂劲之艺境，以独臂练就了“浑身是手”的修为。

自 1998 年开始，在常学刚先生和我的支持与帮助下，马国兴先生在《武魂》杂志上连续发表多篇署名文章，遂为武学界瞩目。同期，经我推荐，在王占伟先生及王跃平编辑的帮助下，马国兴先生正式出版了《古拳论阐释》《古拳论阐释续编》《龙涎集》等传统拳术著作。这些作品不仅有助于广大武术爱好者理解拳术技法，而且提高了人们对我国传统文化与传统武学的认识，在武学界引起很大反响。

马国兴先生一生刻苦修炼传统拳术，潜心于我国古典拳术理论研究，以自身实修的功夫体验印证前人的著述，力求用中国古代哲学思想认识并阐发传统拳术攻防之道的修炼、建体、至用及攻防艺境升华的系列方法，以此形成了一套独特的“马氏武学体系”，即以《易经》《道德经》《黄帝内经》及兵家理论等为核心的传统拳术理法体系。其著有“中华拳术明镜录”系列书稿近百部（包括《易经卷》《道德经卷》《孙子兵法卷》《浑元剑经阐释》《少林拳经阐释》《太极拳经经论注解》《拳术内外功法卷》等），是当今武术界以传统文化释论拳术攻防之道的第一人。

历经多年，克服重重困难，北京科学技术出版社此次推出《马国兴释读浑元剑经》《马国兴释读杨氏老谱三十二目》《马国兴释读太极拳论》《马国兴释读陈氏老谱》四本著作，是对《浑元剑经》及经典太极拳谱于传统文化视角解读的有益补充。这四本著作将《易经》《道德经》《黄帝内经》及兵家理论等深入地贯穿于论述之中，将刷新学人对太极拳谱及元末明初毕坤先生的《浑元剑经》的认识。

当今传统武术的传承存在着两个“断代”：一是传统拳术知识与文化的断代，二是传统拳术理论与系统化训练的断代。面对前人留下的大量珍贵拳谱拳论，现代人观之往往如读天书，不明所以。本系列书籍的出版，或许能为传统拳术爱好者们点亮一盏心灯，于“断代”之间架起一座桥梁，使今人一窥古人拳法之奥妙。

马国兴先生常说：“古人诚不欺我，故我不欺人也！”值得一提的是，马国兴先生在该系列丛书中介绍了其很少公开的具体功法，这些功法内外相生、别具一格，期望有心人能借此良机将其所传发扬光大。

我常想，若马国兴先生尚在，今日留存的《母子拳》等大量珍贵拳谱尚有人可解，而今斯人已逝，惟有长叹！

崔虎刚谨书

2020 年 11 月

序

当今国内外拳术界修炼太极拳者，无以计数，而关于太极拳术攻防之道的修炼、建体、致用，以及攻防艺境升华的系列方法等方面的书籍，从古至今却少有统一的善本，甚觉遗憾。为说明太极拳术攻防之道，笔者将《太极拳论》及其相关拳谱，按照王谱（王宗岳）、武谱（武禹襄）、李谱（李亦畬）、众谱（其他各家）分为四卷汇编，分节注解和阐释，以揭示其真谛，尽量达到理与法的统一，读者也能从中看到《太极拳论》的理论演进和充实过程。

太极理论始于《易经》的“易有太极，是生两仪”。对此，前贤有“健顺合之至，太和一气，道也。万物之通理，名之曰太极”的论述。

太极拳究竟起于何时，现在已经无从考证，但是从毕坤先生所著的《浑元剑经》中可见端倪。该书记载：“噫！大矣哉！剑之为体也，纯而笃静；其为用也，动而多玄。既曰纯静，以其本乎天之一，养气于至清；则乎地之一，融精于至宁；此于艮之一，涵神于至灵。又浑化清宁、宁而一之，更至于空灵。是统三才于一致，内而精气神无少缺欠，外筋骨皮一息坚融，至是则内空灵，而外灵便。此浑元功验之所以然也。”这段文字尽管没有谈到“太极”二字，但是已经论述了修炼太极拳的基本法则及体用之艺境。故而，笔者将《浑元剑经》中“浑元剑法内外篇原序”和“剑髓千言”作为卷首。

近代太极拳术攻防之道起于《浑元剑经》，理法形成于王宗岳《太极拳论》，而完善于陈、杨、武、吴、孙五家（亦包括传承诸家）对经谱的论述，然太极拳理法观念并非太极门独有。清乾隆年间良轮先生的《张横秋秘授跌打抓拿法》中就有对“拳法”二字的解释，该书曰：“造乎神者，方称为法；化乎一者，始谓之拳。”以这样的观点来看传统拳术，哪一个门派、拳种修炼的不是太极功夫呢？笔者专门注解现存各家太极拳经典著作中的论述、歌诀，就是为了达到探本穷源、彻底揭秘之目的，以期还原传统拳术攻防之道的本来面貌。

笔者所注解各家太极拳的经论、诀言，乃单纯从太极拳的修炼、建体、致用，以及攻防艺境的学术角度立论，不涉及其他内容。

马国兴

书于北京寓所养德斋

2005 年 12 月 31 日

目录

卷首

剑髓千言与太极拳

浑元剑法内外篇原序

繄乎浑合之极，元始为尊[①]；浑合之旨，为内为静，为体为中；元始之玄，为外为动，为用为首[②]。惟其必反乎内，故取象于离。而离之中虚，坤体之至静者也。[③]惟能效坤之至静，故遁幽杳之中，可潜修而无闷。亦惟其必著于外，故取象于坎。而坎之中实，乾用之至动者也。[④]尤须则乾之至动，乃极于九天之上，可首出而无虞。

故必于微积之悠也久也，其涵蓄游跃之力始纯。亦必泉以达扩，使变也化也，其阴阳互蒂之神始著[⑤]。纯则不杂，合万变而寓用无形；著由于几，化三千而充体于无外。

夫放弥六合，浑之体为展布也；退藏于密，元之用为包容也。浑者合也，元者一也。窃思天之所以清，得此一也；地之所以宁，得此一也；人之所以灵，亦莫不在此一也。三而一之浑合，以坚其体；一而三之元玄，以昭其用。[⑥]

试由天而地，以近索乎人。人为万物之灵，其即仰观天以执行，俯察地以建极，居覆载之中，首出庶物者也。仰人何谓乎先？涵养之以静以蕴其继，灵妙之以动以畅其用。[⑦]体非无以立其大本，用非无以彻其元功。离之中坤其静基也，《易》之卑法地者此也。然静功力绵绵不息，其体至柔至刚。非柔则原委难于无间；非柔中刚，未免有作辍之时。柔者静之体，刚者则又柔之体也。坎之中乾其动机也，《易》之崇效天者此也。非无则空灵犹恐障蔽；非无中生有，奚以见变应之奇？

浑则静，以逸待劳；玄则元，驭静以动。动中亦静，则正奇进退之机、迟速幻转之妙，悉出于无心，系自然之运用。因时致变，因力制人，至于方圆立体发用之妙，件件原委之于自然之神，统蓄以先天寸绵之力，为无为无不为也。[⑧] 以动静互为其根，阴阳迭神其用。非浑于始，奚得其元之玄；非元之大，无以显其浑之德。是浑元者，其即无生妙有也。

元之为字，初画奇也，合第二画则偶也。其第三之儿字，奇偶、阴阳、坤乾相构而生者人也。是元者，三才总会之地。元即太极，即太和之气，即先天也。故必浑涵以先天太和之气，合三才于一致，以内外交修，直养时习，炼至体用浑化寂感而通，始足以称之浑。而能元浑者，近虚能舍正，谓后人以发也；元者，象圆能粹正，谓先人以至也。浑则涵神，至于无幽杳之内，密秘而人莫窥其机，发则必中。

凡外病于形者，皆失之心有定规。若目几静悦者，心必隐灵鉴也。[⑨] 彼目昏滞者，其内无实学，外饰以色庄者也。若此者，其必助资于敌，又安见玄元浑化无方乎？

噫！大矣哉！剑之为体也，纯而笃静；其为用也，动而多玄。既曰纯静，以其本乎天之一，养气于至清；则乎地之一，融精于至宁；此于艮之一，涵神于至灵。又浑化清宁、宁而一之，更至于空灵。是统三才于一致，内而精气神无少缺欠，外筋骨皮一息坚融，至是则内空灵，而外灵便。此浑元功验之所以然也。

极之则光闪耀而人影无踪，身飞腾而剑芒倏忽。或一跃千里之遥，纵横随其意向；或静息方寸之内，神威感于至诚。[⑩] 至于形剑之名、后天之功，果能以先天之神为体用，亦足以向机御变，因变致神。是形剑又顾名思义者也。

剑者，决也，断也。必内而决七情、断凡息，内三宝得以浑化而至于纯阳，此内而剑学之筑基，内壳通而坚实也。尤当外而决灰心，断声迹，加之以招式变化之奇，以夕朝时习，外三宝得以浑成，而至于柔刚，此外而剑法之暗炼，外壳注而灵稳也。至如近世所学之剑，以舞之者，类皆皮毛中皮毛，浮之至浅而至鄙者也。[11]昔伏牛氏祖云：果尔志向上，当先静以筑其基，存之深养之熟，内外三宝合一、浑化归一。正所谓：

内外全无渣滓质，养成一片紫金霜。

阴阳造化都归我，变动飞潜各有常。

推其有内工、外工，内验、外验之别，故统以内外篇名其经。究其所以内功外形得内外验者，又其谁乎？则人之灵神耳。

然而三才之奥旨，犹不止此。有积气为剑者，名气剑，即剑使也。用之为剑，约之于内仍气也。有积神为剑者，名神剑，即剑仙[12]也。用之为剑，虚而还之仍神也。此二者即地仙、天仙之分也。至于人之习能百战无敌者，亦足以称之为人仙矣。

遂乎其艺，幽乎其气，柔乎其质，刚乎其神，悠久也其功，变化也其验。故形而上者谓道，形而下者谓器。道者器之体，器者道之用。是因形炼形，极至道成者。其妙存乎虚灵之人，其几速于影响。此剑也，实亦入道之基。小可神变超尘[13]，大则可以气夺尸解[14]。极则胎脱神结，面朝上帝，而拔升矣；是知一阴阳之道[15]，其至矣广矣，岂独长一艺之妙，而可限其神妙，足尽其浩渺之藏乎？愿学者矢志盹诚，为大有为之君子。括而要之，以造于神武不杀之时，当能赞参天地[16]；立于其间，必足以止戈于亿万代之后。

故曰：大仁不仁，大勇不勇。[17]噫！于剑学之中，克取法乎上，盖已鲜矣，而况于道乎！其奥更深，其能庸行造极[18]者，则将几绝矣哉！

玄真玉妙真人心坛撰序。光绪二十二年丙申九月戊戌朔日，许国本敬书。

题解

《浑元剑经》，明代毕坤撰。毕坤，字云龙，明代剑客，隐居山中。是书向无刻本问世，分内、外两篇，内篇阐述剑客戒律、剑术理法、体用法则，外篇叙述剑术招法及练用法则。该书被中国社会科学出版社据北京图书馆（今中国国家图书馆）藏清末抄本转录整理，于 1994 年在《中华杂经集成》第一卷中首次公开出版。

《浑元剑经》出版后，并未引起武林界人士的重视。笔者深入研读，方知此《浑元剑经》实乃传统手战之道中较为罕见的经典之作。笔者常从各家兵器论中吸取精髓，为拳学所用。械术、拳术皆为手战之道，理法相通。历史上，拳术乃械术之基础功夫，“拳成兵易就”就很清楚地说明了这一点。

《浑元剑经》真实地论述了传统手战之道，千古一脉真传之精髓、秘诀、宗旨，具有上承唐宋元、下启明清的重要作用。

此经文为现今修炼太极拳术者应当如何对待和修炼传统手战之道指明了方向，提出了系统、具体的修炼过程，以及具体应用方法，使传统手战之道可以被继承和再度发扬光大。

此序文已深得《浑元剑经》修真之精髓，明其所传之真谛，故亦当作为太极拳学修真之经典来注解。

神、气、形浑化归一，就是“太和一气”，就是“太极”。

注解

① 元始为尊

元始者，即万物之大祖，无形之道体也，其最为尊贵，无有与其匹敌者。在古神话故事中，无形之道体常被称为“元始天尊”，故见到此称谓时就应联想到自然界无形的道体或自己的法身道体。

② 为用为首

“首”字，从体的方面来看，是道的意思；从用的方面来看，是首领的意思。这就是先建体后致用的修炼顺序。

③ 而离之中虚，坤体之至静者也

坤体者，人身后天之外形，应当修炼得像离卦的中间虚空景象，具备镇静厚载、柔和顺从之德，顺从乾而不妄动，谓之“坤体之至静者也”。这需要抻筋拔骨法之修炼，方能功成。

④ 而坎之中实，乾用之至动者也

乾用者，自身先天之内气，应当修炼得像坎卦的中实形态，纯粹之精，具备阳刚之性，万拳之资始，健运不息，统坤而行势，故谓之“乾用之至动者也”。这需要内功心法之修炼，方能功成。

⑤ 其阴阳互蒂之神始著

经过上述内、外功法的修炼，修炼者内气的阳刚之性、外形的阴柔之质，及其相互为用的柔化刚发之攻防神通，逐渐显露了出来。这样的修炼，才能驭静以动，动静互为其根，柔化刚发，以柔用刚，阴阳迭神其用，至功力“纯则不杂，合万变而寓用无形；著由于几，化三千而充体于无外”。

⑥ 三而一之浑合，以坚其体；一而三之元玄，以昭其用

此乃以三才理论，即内气从天、外形从地、灵神从人，论

述神、气、形三才合一的修炼、建体、致用，以及攻防艺境的升华。浑者，说的是神、气、形三者浑化合一之体；元者，论的是一体而有三个递进阶段的周期变化之用。以拳事攻防立论，听探者为静，一元玄也；信息处理为动静，二元玄也；顺化者为动，三元玄也。此三个过程，有化无，无生有，有无相生，周而复始运动着。这就是“夫放弥六合，浑之体为展布也；退藏于密，元之用为包容也”一句之精义。此浑之体就是太极拳中所说的“太极”二字的意思。所以说《浑元剑经》，以拳事论，又可名曰“浑元拳经”，进一步可曰“太极拳经”，实不为过。

⑦ 仰人何谓乎先？涵养之以静以蕴其继，灵妙之以动以畅其用

修炼太极拳术攻防之道，何者为先、为本？何者为后、为末？建立机体为先、为本，攻防致用为后、为末，且修炼时不能先后、本末倒置。以内功心法的静修养气、默悟作为建立攻防机体的基本法式，才能继往开来，使法身道体得以功成；以外功心法灵妙之动体悟攻防机体之妙用，方能畅达其用而武艺精纯。何谓灵妙之动？即不撄人之力的顺随法，让力头、打力尾之避实击虚的施招。

⑧ 因时致变，因力制人，至于方圆立体发用之妙，件件原委之于自然之神，统蓄以先天寸绵之力，为无为无不为也

自然之神：即内气的刚发之性能，外形的柔化之德能，内外匹配如一的柔化刚发、以柔用刚的攻防能力。神者，即一气灵明不昧者也。

先天寸绵之力：一是自身听探之良知、顺化之良能，以及其相互为用的能力，换句话说，就是神以知来、知以藏往的能力；一是修炼而成的法身道体之实际攻防能力。此两者皆为与生俱来

的能力，必须于后天精心修炼方能运用自如。诀云“筋力人身本不多，在乎用法莫蹉跎”，又说“人身之内劲不过几两”，内劲似有似无、绵软无质，却具备无穷的攻防能力，故名之曰“先天寸绵之力”。

无为者，不先物为者也，静而听探清楚，随之再做亦不迟，此所谓静以制动。无不为者，因以听探为先，从不妄动、盲动，清楚明白后再决定动与不动，能动者动，不能动者不动，自然不会出现差误，而动必能成功。换句话说，就是如此而为者，其无不能为者也。

⑨ 凡外病于形者，皆失之心有定规。若目几静悦者，心必隐灵鉴也

天地间人为万物之灵，而心又为五官百骸之灵，故心为一身之主，心一动而五官百骸皆应听命。官骸不循规矩，非官骸之过，实心之过也。此乃指修炼者“凡外病于形者，皆失之心有定规”的精义。

如眼灵者，审视有先之明，知其未发之招，悉其将发之意。眼直者，上视眉间，中视齐项，下视齐带，此为三关。上关胜负之机，强弱邪正、善恶奸诈之所从出，招所由变，欲左者虚其右，欲上者虚其下，约之前后、进退、起伏、攻守、刚弱、奇正皆如之，盖人通病，能融化者乃入妙矣。中关看其横斜、曲直、扭跨、腰腿、动止、手肘、起伏之枢。下关看其引诳之变、跳跃之机也。此乃一眼罩三关的功夫，指修炼者“若目几静悦者，心必隐灵鉴也”之精义。

灵鉴者，明心见性者也。鉴者，道心也。拳道的修炼就是“以天心为主（体），以元神为用”。天心者，妙圆之真心也，释家所谓妙明真心。心本妙明，无染无著，清净之体。此心是太极

之根、虚无之体、阴阳之祖、动静之机、天地之心，故曰天心。元神者，乃不生不灭、不朽不坏之真灵，非思虑妄想之心。天心乃元神之主宰，元神乃天心之妙用。故拳道者，以如如不动、妙圆天心为主为体，以不坏不灭、灵妙元神为功为用。太极拳的修炼，亦本此内容之始终而行之。

⑩ 极之则光闪耀而人影无踪，身飞腾而剑芒倏忽。或一跃千里之遥，纵横随其意向；或静息方寸之内，神威感于至诚

此段是对修炼内功心法时种种真实景象的描写。其中关键点在“神威感于至诚”这一句。诚者，天道也。至诚者，乃修炼者修炼到法身道体真实存在，以及太极拳术的明心见性之候。一触即发、凌空、神化等种种大成攻防功夫的神通，皆从此法身道体而出。

⑪ 至如近世所学之剑，以舞之者，类皆皮毛中皮毛，浮之至浅而至鄙者也

太极拳的开宗明义，本具三性，即调心修真养道性、调心修技养斗性、调心修杀养野性。这充分体现了打拳原为保身之计。然此三性调养法乃其本真之面目，无可置疑，即修炼太极拳的健身、技击、功德艺境并行不悖。修炼功成者乃“文兼武全将相身”之全才。

至于太极拳术和械术的套路、对打等种种表演，是一种文化娱乐方式。为了提高武文化娱乐之情趣，适当地加以舞蹈化的成分，也是无可非议的。此乃以武娱乐，为之创举，然古人早已有之。若将这种太极拳的舞蹈化内容认为是太极拳的主体，而使太极拳失掉了实用性，则是喧宾夺主、大谬特谬了。此乃“猥知卤莽，是彰乎知”的行为，应当被批判，否则太极拳术攻防之道的传承必失真矣！

针对此种将太极拳“以舞代武”、以假乱真的现象，习武者给予了严厉的批判，即“以舞之者，类皆皮毛中皮毛，浮之至浅而至鄙者也”。太极拳的行家里手皆认为，拳术套路、对打套路皆是手战之道的皮毛，只有自身攻防机体及其致用才是攻防功夫的实质内容。一个修炼太极拳者，若只习练了拳术、对打套路，没有进行内功修炼和外功喂手、拆手、变招、盘较的系统训练，那么他所得的皆是皮毛功夫，没有体、用的内在功夫。

人们对太极拳的审美，确实存在着行家里手和外行的区别。俗云：“行家看门道，外行看热闹。”此言一语道中。行家所审，是以实战攻防能力为审核标准，符合攻防之道者为美，不符合攻防之道者必丑。故行家里手以法眼观审之，标准是“黄中通理，正位居体，美在其中”，即观审内在之本质。外行所审，是以外表装饰华丽与否为审核标准，外饰端庄华丽者为美，外饰非端庄华丽者为丑。故外行以俗眼观审之，标准是金玉其外，不管其是否败絮其中，乃观审外在之浮华尔。

内外全无渣滓质，养成一片紫金霜。
阴阳造化都归我，变动飞潜各有常。

歌诀前两句说的是内功修炼全体透空之虚灵妙境的景象。“阴阳造化都归我”，说的是彼此的内气、外形的种种变化，我都能够掌握。“变动”说的是外形的种种变化，“飞潜”论的是内气的升降腾挪变化，而内气、外形匹配合一的攻防变化随机用势，又都有一定的常规、方法、准则。

⑫仙

仙者，内功修炼者的功夫品位之统称。古时分为鬼仙、人仙、地仙、神仙、天仙五个品位。这一论述可见于内功经典《钟吕传道集》:“修炼一事，法有三成，仙有五等。三成者，有小成、中成、大成之不同。仙有五等者，有鬼仙、人仙、地仙、神仙、天仙之不等，皆是仙也。鬼仙不离于鬼，人仙不离于人，地仙不离于地，神仙不离于神，天仙不离于道。”现细论之如下。

鬼仙：修持之人，始不悟大道，而欲速成。故其昧而不明，曰鬼。形如槁木，心若死灰，神识内守，一志不散者，以其一志阴灵不散，故曰鬼仙。虽曰仙，其实鬼也。故此属修炼最下一等。

人仙：修真之士，不悟大道，道中得一法，法中得一术，信心苦志，终世不移，止于小成，功成安乐延年而已，故曰人仙。此属下二等。

地仙：天地之半，神仙之才，不悟大道，止于中成之法，不可见功，唯长生住世。其法天地升降之理，取日月生成之数，识龙虎，配坎离，分清辨浊，收真一，察两仪，列三才，分四象，别五运，定六气，聚七宝，序八卦，行九州，五行颠倒，气传于母，而液行夫妇。三田反复，烧成丹药，永镇下田，炼形住世，而得长生，以作陆地神仙，故曰地仙。此乃三等品位。

神仙：以地仙厌居尘世，用功不已，炼形成气。功满忘形，胎仙自化，阴尽纯阳，身外有身，脱质升仙，谢绝尘俗，以返三山，乃曰神仙。此乃上二等品位。

天仙：地仙厌居尘世，用功不已，而得超脱，乃曰神仙。地仙厌居三岛，而传道人间，道上有功，人间有行，功行满足，以返洞天，是曰天仙。

故曰：修炼者，鬼仙固不可求矣，天仙亦未敢望矣。所谓人仙、地仙、神仙之法，可得闻乎？答之曰：人仙不出小成法，地仙不出中成法，神仙不出大成法。此三成之数，其实一也。用法求道，道固不难。以道求仙，仙亦甚易。

⑬ 小可神变超尘

此处之“小”，乃言内气之体本是虚无的状态，可以具备“无有入无间”的能力，故曰“小可神变超尘”。意思是说，此道体小的神变超乎尘埃而不可见之。

⑭ 大则可以气夺尸解

此处之“大”，乃言内气的功能细致入微，可从微观上调整人体生命机制，故而对改变人的气质、形态可有明显的效果，这些又是视而可见的，故曰“大则可以气夺尸解”。

“尸解”：内气的运行像一把锋利的剑，可以清除阴邪，内气在脏、腑、皮、肉、脉、筋、膜、骨关节、髓之间运行，达到层层离析剖解，都有显著的内景征象，犹如医师运用手术刀进行尸体解剖一般。当然，这是渐修的法式。另有一种顿悟的法式，可谓“大卸八块”，虽与“尸解”功法相似，但是得法修炼一次便可功成，故曰顿悟法。

⑮ 极则胎脱神结，面朝上帝，而拔升矣；是知一阴阳之道

《中华杂经集成》中无此句，为笔者据他书补入。

修炼家极为讲究脱凡胎以入圣境，即自见本身道体，此名为胎脱神结。以拳道论，就是以天心为体、以元神为用的神明艺境，具备神化之功的大成境界。八方上下、十方圆融的神观之法式，名曰“面朝”。上帝者，自身之性体也，就是通过传统拳术攻防之道修炼而成的法身道体。“而拔升矣”，是说修炼到以天心为体、以元神为用的法身道体，具备神化之功的人，已然超凡脱俗而入圣境了。

⑯ 以造于神武不杀之时，当能赞参天地

“神武不杀”，指以柔软接坚刚，使坚刚化为乌有。“当能赞参天地”，正如孙禄堂先生所言，“惟身体如同九重天，内外如一，玲珑透体，无有杂气掺入其中，心一思念，纯是天理，身一动作，皆是天道。故能不勉而中，不思而得，从容中道。此圣人所以与太虚同体，与天地并立也。拳术之理，亦所以与圣道合而为一者也”。此论中的“与天地并立也”，就是指能真正地参与天地生化之机的造化万物，立于其间，必足以止戈于亿万代之后。

⑰ 大仁不仁，大勇不勇

道者，天地者，能造化、生养万物，是谓之大仁，是谓之不勇；同时亦能毁灭万物，是谓之不仁，乃谓之大勇。老子曰“天地不仁，以万物为刍狗。圣人不仁，以百姓为刍狗”，就是此理。以拳事论，修炼太极拳术攻防之道的大仁者，视自身的阴邪弊端如同癌瘤，必须无情去之，是谓之不仁之大勇。如是对自己的身体健康，则应具备大仁之不勇。与人比武较技不伤人，是谓之不勇之大勇，不仁之大仁，即造于极武不杀之境界了。

⑱ 庸行造极

“庸行造极”，就是遵守平常中和之道，不偏不倚、无过不及之修行方法，而能达到神明的拳道合一，极武不杀之境界。也只有如此的修行，才能达到登峰造极的效果。太极拳术攻防之道就是这样一条“文兼武全将相身”的修行道路。

剑髓千言

夫剑乃儒雅中之利器，有正直之风，和缓中锐锋，具温柔之气，灵则通神，玄能入妙，飞来飞去，无影无踪，作云作雨，如虎如龙，变化莫测，转展无穷[①]，诛人间之恶党，斩地下之鬼精，可破阵以攻城，随手指点，草木皆兵，可防一身之害，资三捷之成，故珍为致宝，运可神通。光灵明而不昧，体刚健而长生，扫则雾消烟掩，挥去则石走云崩。可避水火之灾，入不溺焚；可解刀兵之乱，视如不见。

其为德亦若人也，资禀于阴阳炉火之炼，性成于元亨利贞之能，百折不屈，九转而形骸备。铸冶始于神人，传授依乎仙术，习贵专精，功宜百倍。非取天地之气，无以培养人之本源；不吞日月之精，奚以轻身健体？非精足气不能清，非气足神不能灵。[②]非内而精气神、外而筋骨皮，浑成一片，身不能轻。将何以飞取雁书、远逐鸿迹？[③]非如此何以通妙，而能超众？能御大敌，足称万兵之祖。故精足则战耐久，气满则呼吸细，神清静而圆融，则变化莫测。故曰：身完天下无敌手，剑完四海少敌兵。能此二者，方可超凡入圣境，庶几驭众为高明，勿负古人之留意、仙佛之苦衷。

习得形剑成于外，则剑气备于内，是尔身心自有主。其为用也，可除灾以断水，可画地以成河；斩七情、断六欲而绝淫根，破异术、灭妖通以除恶党。[④]神智从生，豁古今于亲目；谋猷克布，协治化以感通。儒之御侮，以此而威行；道之降伏，以此而欲空；释之真空，以此而功成。

夫剑气即罡炁也，而宇宙之间，亦必恃此为化育，主宰生杀权宜。故学者业贵于精，心宜于谦，艺当熟习，志莫骄矜。外有三尺剑，内必藉五本以佐之，始保一身安闲、无事纷纭耳。⑤再者，此物为仁人之珍宝，彼匪人之所畏，故好而知恶为贵。或徒负气好胜，每生嫌隙。一旦欲胜乎理，小则鲁莽偾事，大则积愁成恨，反恨成狠，将祸延无已。此真好武中之恶习。

故剑法既成，尤当博阅天文、地理、人事，驳杂于中，在一番体认知改择中，卑以身处之心。又或于澹定之候，静以抚琴，涵养性真，化净猛烈之习，效成一片温和气象。外人岂能知哉？目为武士，而有儒雅之风，称为呆儒，而有威严之度。故君子有三变，望之俨然，即之也温，听其言也厉。功用到此，谓文兼武全将相身，更必出处有道焉。⑥试止以时，不以道殉身，亦不失机，勿贪为主，勿吝为先。如有欲习此者，详言喻众，莫为己私，化传万方，奠定国家，小则终保厥身，大则兼济天下，岂可轻乎哉？试思昔有伯温先生言：此天子气也，十年之内，必都金陵，吾当负剑从之。非明悉天文、地理、人事，善舞剑而能止戈者乎？更有善观剑者风胡子，善舞剑者李靖、伍员、吴季子等，孔门之季路善佩剑。于此观之，剑为奇珍，自古惟然。其用非但主于玩器，其旨趣亦深焉耳。

望古遥企，得精秘传者，不乏人矣。彼丈夫也，我丈夫也，吾何畏彼哉！必加一能己百、十能己千之力，甚勿空演招数。更须深参奥旨，方克许有为哉！⑦

炼剑莫先于炼气，炼气要首在于存神。存神之始功，根于固精。能此方可以论剑之练法，否则作辍之，鲜有成为完璧者。⑧工夫贵勿刚勿缓，和平得中，且存且养，内外兼济。直外便能和中，炼形亦可长生。活动筋骨身轻灵，周身气血力加增。由子至午锻炼外，自未至申静息中。戌则吞斗持罡，运用水火，和合坎离，妙在筑基，要乃清心寡欲。此入道之机、成道之具，岂可杳视？惟昼夜无间，则阴阳协理。呼吸定则灵光生，而三宝定位，同居其中。金丹日益，身法愈轻。昔唐太宗养剑士数百人，时或令舞，则诸士身共剑各飞。若此神舞，神威足以胜人者，非此而何？

夫剑贵乘机以进，无隙则退。故奇正明，剑法成；精神全，神力猛。古语之“一声吓断长江水”，乃威神并作也。既能如此，何患对敌难胜？非内外打成一片，难以飞而出快、妙而显神。非真阴阳生，不能召天地之精气神，归入身心。惟气结于根，久战如未战也。至于生威之道，在于存神。神能常存，久自生威。圣经云：知止止者，亦进攻退守之道也。⑨进攻之道，见机而作；退守之道，忍辱为先。进退得宜，便为知止。若茫然而进与退，昧然而守与攻，非徒无益，恐招尤之媒来自面前，而悔已晚。是求荣反辱。欲固守己身，多助敌资，良可惜也。故曰：战胜一时，由于训练千日功夫。岂偶然乎？

人既为万物之灵，必心与道洽，庶几致人、不为人所致也。故君子必具天险王道之全，洞天时、地理、人事之权宜，其略则孙、吴、司马之策，始可运筹帷幄，决胜千里。故君子战必胜也，历观古人个有取法。昔亚圣云：浩然之气，至刚至大，直养无害，塞于天地之间。夫浩然之气，在于天地间，则保合太和之气，以之生成，在人则空灵无间之气也，即真气。其中刚柔浑合、阴阳互生，即所以结丹粒之道也。其大莫喻，岂小难破，而来往造化之神涵于其内。故曰：放之弥六合，卷之藏于密，直养即勿妄勿助，直养自然先天之能力，在神为非人力也。无害者乃顺生机之自然，去其害生机者也。养至真息圆满，百慧从生，永生无灭。小可经纶，大可赞育天地，故曰则塞于天地之间。[10]

夫勿妄者，非具刚决武火之力，安能常于若存？勿助者，非有攸柔文火之功，安得依行不偃？果能明道不计其功，是无为之为神为也。能庸行无息武火之力，固少顽空昏沉之偏。至若乐行不期报，亦非人力之有为，以其呼用略照吸用。全妄者，文火之功，岂更有着相燥妄之失，故内而静功、外而武学者，皆当准乎文武火候，以行为的。[11]

故戕贼成者，终难深造乎道。绵长者久必显达。过急则锐，恐多退速之虞；太缓则疏，未免作辍之清。然二夫准期何在？诗云：

一

休逞欢来歇力行，免将过役倦容生。

中庸万古传心法，中以庸行戒律清。

二

气欲足兮精为本，神光无滞天地春。

四肢鼓荡皆符道，力量增加要日新。[12]

剑法又有奇正奇、奇中正、正中奇、奇中又奇、正而复正，六门之别，所宜别辨而熟演之。凡高势双势为正，旁门低势小势为奇。低忽高，正忽旁，单化双，奇中正，高忽低，旁忽正，双化为单，正中奇，左腿为正，右腿为奇，剪并奇，飞步正，颠换步奇中正，丁字步正中奇，前弓势奇中正，七星式正中奇，四平势伏虎势为正，钓鱼问献为奇，三揭为正中奇，齐眉剑为奇中正，刺猿剑为奇中奇，飞仙为正中正。是皆阴阳变化，尤当洞澈，可阐发而彰明。

论阴阳手法，阴来阳敌，阳来阴敌。若阳变阴、阴变阳，还得看他阴阳虚实之数。故曰：悉明天地盈虚数，便是伏牛亲身传。习至如此，乃能全身远害，战胜守固也。

又有三步睡功夫。一曰仰卧，两腿直，十足指回勾腰控，存想涌泉，双手搭扣撑住；二曰左偏卧，头枕左足尖，左手搬左足跟，右换如之；三曰伏卧，双手抱头，足跟朝天，十足指尖用力向地，存想泥丸。随便卧时，头腰腿要三直。立时足勿实踏，双手齐垂，目光四射，时或垂帘。行步必活稳轻急，宜自跟撤尖踡，行非无跟之轻跳。闲息时，有引气下行之法，乃六字诀，连念到下丹田存住。久则气不涌出，亦能久而无倦，用力少而成功捷。

巧从熟生，灵从快生，刚生于柔，智生于拙。非养得目有灵光，难使敌一见生畏怯于心。非神光难御乱敌。非有元光，难临大阵而耐久。灵光者，身外有红光缭绕。神光者，目中有青苍之气，足以照远出威。元光乃身外黄光闪烁，是内外功满，毫无缺欠，浑光普照，无隙可乘。惟目中剑内手上，更有一番稳准气象，足使人畏。故敌人动得其咎。⑬学力至此，乃为炼家，方不愧居其名，亦可留芳千古，令后世慨见而神警。故闻声而惧者，因实称其名，威感夙著也。此真向战不持寸铁，何待矢折而胜也耶？古之将帅，操不胜之术者，以其训练精细，百战无敌，谁敢慢视哉？⑭

又要诀曰：一精气神，二刚柔力，三遐迩相当，四阴阳相济，五剑逢双刃与双锋，皆指其展转灵根。若敌大刀共大战，来回紧急隙间攻。

前所云六字诀，传列于后：提、催、灵、闰（音按）、妙、工。

此乃通天彻地功夫，宜得暇即用，久可却疾，添益精气，培补下元，活涌泉穴。此穴开通，则身中筋骨血络，皆舒展自如，乃千古不宣之妙，宜当时习之即觉也。提者，自涌泉直上泥丸；催字，自天目中少停，绕头三转，自左而右；灵字，至玉枕，归一度喉间；闰字，分入两肩，从臂内降至十指尖，由手背上穿缺盆夹脊，横穿前后心，降脐中少停；妙字，自腰眼小小穴三转，少停至海底[15]气海多住，降肛前肾后少住，至尾闾多住；工字，入环跳穴多住，至膝胫达涌泉，反上胫间，膝后多停，升到肾前九转，至下田停住。九转为满，此坐功完也。

夫行走之间，更有三字诀，乃清、净、定也。清字，存神泥丸，如水清月朗，风轻日暖；净字，一气到脐，思看取莲花净之意；定字，一气至海底停住，思如泰山之稳，外诱难挠，如松之茂，如秋阳之清暖，如露之含珠、月之浸水。[16]其坚如刚，其柔如絮。再合而为一，自泥丸一想涌泉，浑浑澄澄，无碍无停，久则神光聚也。

气愈下兮身愈轻，
神居上兮心生灵。
精常固兮法术行，
形自空兮玄妙通。[17]

外固则内壮，心静则神安。欲为人上人，且莫行捷径。

工夫要在学愚鲁，神常生兮心如腐。
不见不闻身形固，不动不牵意诚笃。
何非大效何非功，务远贪高徒自误。[18]

出奇本乎平常，出妙由于拙笨。故匠之之诲人也，能使人以规矩，不能使人巧。善哉斯言也！且出快之要，非能接天地之呼吸，难至高超。欲得接外呼吸，当补内壳之三宝。凝坚而后，则目光清活圆润，面见金色，乾中润泽，周身若绵，声音响中绵软，此为内足之证。外佐以操练之功，久则风从足下生。[19]到如此境界，方谓天根月窟常来往、三十六宫都是春。时乎可与天地通气机，与仙人通言语，借日精月华以自补，合太极为一体，内外合一。[20]

浑身有痛酸之处，痛是气虚，酸是血虚，或气血之不到，然犹有别。皮里肉外脂膜未净者，酸多痛少；精虚损者，痛多酸少；气血初畅之时，亦痛多酸少。酸中代麻木，或抽筋者，两虚兼积寒湿，或偶感误中风也。

尝思天下之物，皆俱灵气，况人乎哉？人为万物之灵，受命而后性理咸备。果能从生后识开之候，窒欲惩忿，使七情六尘永息无生，则人心日死而至灰扬，道心日明以至纯粹，则基乃固矣[21]。且心中各具七壳，尤得当诀以通，斯可矣，曰玄通、灵根、妙钥、统真、通枢、涵神、洞幽，左辅元龙，右辅白虎。

玄通壳开，则甘露没夜子时升于泥丸，每日午时，流贯周身，久则皮肤鲜嫩。

灵根壳开，则先天之精刻添一粒，日夜生九十六粒，流走上下；久则皮润泽生，光眼清爽，永无生眦、发热发胀、昏迷；虽数夜不眠，亦无倦怠，面色如金。有歌诀两首为证：

一

一窍开时便通天，初时幽暗玄又玄，
静候静待无烦恼，灵根洞开入九渊。
霹雳声声飞龙起，一片通明九重天。

二

此时天人合一体，便与天地通气机，
可借精华补自己，灵神圆满香寰宇

根窍通时百窍通，此窍通时知天机。

妙钥壳开，则心性含香，阳和遍体，而立主宰，外则芳气袭人，身活如绵，发招捷速。

统真壳开，则目读心契，理无畛域，虚灵圆满，耳通真言。

通枢壳开，则身活骨轻，百节生胎，日夜不眠，永无怠倦。

涵神壳开，则气无涌出，神生泥丸，普照涌泉。左目日也，右目月也，故曰照临下土。

洞幽壳开，目生真精，而天文地理奇偶之妙，变化之神，自然豁通于心矣。耳塞能通，清音可聆，役使勿停。

元龙白虎壳开，则周身三万六千毛孔皆开，通天地之气。功夫至此，周身气候，节之运行，与天地无违，久则孔孔生胎，则外三宝始称坚实，无六淫之感冒，可谓疾魔退矣。

夫练剑亦当先开七壳，再演外武功。火候有准，武备成道法明，所谓性命双修者此也。平时贵饮白水，茶多伤神冷精，使阴阳未和，奚以刚柔相济也？食宜淡，浓则浊，气挠神，珍羞美味也，况肉食乎？非身心了无一病，何以神通绝技乎？五谷之气，尚能损人，而况厚味乎？故嗜欲消一分，则道长一分；臭味薄一分，则心性明一分。常叩大罗，则头中风火油渣之气渐消；常揉两腿根之筋骨核，则筋脉渐长。

夫气灵、力长、身轻之后，还须保养百日，方许试习。如随养随练，谓之抽筋扒骨，费力难成。如成之后，再力活静息三百日，则三宝凝定矣。又诗云：

精神凝结一团团，动静之为贵自然。

随所往来无阻滞，任从指点合先天。[22]

又诗云：

手眼身勿滞，敌难知我武。
睛光威射人，甫不至于人。
稍疏便有失，此为真起手。㉓

大成之法，先须活步身。单演招对招，入妙致人，方不助于人也。孙思邈之胆大心小，体用至矣。凡事依行，万无一失，矧在操技者哉？怯敌己必受害，轻敌亦受其计。惟御以胆敢，待以虚心。有胆敢则彼威自抑，有虚心则猝变堪防，庶免资敌致害。虽平时空演，亦如见敌一般。㉔进退横斜，步加稳准，体验得深，习演得到。或无患临场失志，猝变难随也。

至若因变亦受，逸以待劳，或从之为进退，逆力以为揭献。㉕或柔以济刚，阳以化阴，猝中含柔，缓中蕴刚。或寓进于退中，寄奇于偶内，虚中实而又虚，实中虚而更实。侧伏引诈之机，涵于无形；注定圆照之神，寂于觉里。蓄发之前，继发于已发之候，随发于将发之形，必深造于此，方能对敌无隙。

《易》曰：满损谦益。尤必以有若无、实若虚之心，卑以自居，乃为妥要。㉖若偶或稍漏一心，则愤恨之气便起，是自取其乱之媒，斯为以艺累身。何其惑乎甚矣！

再动示之不动，进示之以退，可谓因人随变。彼虽机妙，乌能灾我哉！倘夙未细心，或疏茫动，败有必然者。又有顺逆诳呆，骄慢喜怒，动静远近，立行反霸击神之策，要在因地制宜、因性施逆。

又曰：气盈神灵则胜，气欠神昏则败。若平时技精兵练、声名自著，要知异地人情之喜忌险曲、地势之夷险宽窄，设防变外。知天则生克造化之理悉，知地则山河进退之路熟，知风

土则计策易决，知人情则引诱乃顺。知此者，自能心在规矩之中，神游规矩之外。造诣如兹，讵能为所误耶？㉗

止戈之术，可备而弗用，岂可用而无备？㉘故临渴掘井，晚之已甚。艺高慢敌，昧之至矣。故君子贵尊贤容众，采群智以择从，谦以自驭，敬以接人。柔中刚非愚柔，此处出全身浑形远之道。群魔尽散，而高人义士得以近接也。故天时地利，不若人和，止戈之法，如斯而已。㉙

是以慧笔挥来，乃见龙飞凤舞。心坛授持乎人力，仙机阐天地几绝之奇文，启后觉由生之等级。虽经中奥蒂或有遗漏，而剑内奇观已称略备。果能依此，若阅星霜，当不见弃于天地。勿谓纸短情长，言多莫如言简。若禀斯言，行难知易。练身要在练心，愿从此乘为万代遗规，相传以绵绵不息也已。㉚

噫！克于依行，继传不息者，抑亦观难其人也。第谨笔之于楮，先生之面前，以待后学之取式。故将其中妙旨变式，备详于后。特为三复致意，识者当勿忽诸尔。㉛

河北云中子立福识

题解

剑法精髓数千言，字字珠玑，句句真谛，将太极拳术攻防之道的修炼、建体、致用，以及攻防艺境升华的过程，揭秘殆尽。

注解

① 如虎如龙，变化莫测，转展无穷

太极拳术攻防之道，本“人心惟危，道心惟微；惟精惟一，允执厥中”之修炼宗旨而设立，乃中正、中和之道，不偏不倚，无过不及。太极拳术以柔为体，以刚为用，柔弱其外，内敛刚毅，故其和缓之中具锐利锋芒。修炼上乘者，周身锋芒不断，攻则对手不知其所守，防则对手不知其所攻，虽锋芒犀利，却具温柔之气质，顺势借力，丝毫不差，故人不能知我。敌动则知其咎，我独能知人，意在人先，随感而应，应无不当。外形内感通灵，黏走相生，不差丝毫；听探知真，顺化入妙，打在不打之中；闪展腾挪，脱身幻影，无踪无迹，有力者泻之，用意者补结。以上皆在给对手过上加过。

翻手风云覆手雨，疾如迅雷不及掩耳，进则闪电雷鸣，退则雨住天晴。如龙灵变，用力不见力而山莫能阻；似虎快利，出爪不见爪而物不能逃。进则人所不及知，退则人所莫名速。不撄人之力自能随人所动，依人所变，变化无形又无穷。相互较技，切磋功艺，破阵夺掠，随手指点，处处皆兵，正所谓“浑身无处不太极，挨着何处何处发”。此即周身光芒不断的真功夫。

② 非精足气不能清，非气足神不能灵

太极拳术攻防之道之所以有此神明艺境，是因其为德亦若人之修德，要与天地合其德。“夫大人者，与天地合其德”，即此意。

从外形、内气的柔外刚中之匹配，可分出内气为君、外形为臣的主从关系。内气的修炼，要经过“元亨利贞”（初始之明劲、亨通之暗劲、详和之中和、正固之化劲）四个过程，才能达到健运不息、阳刚之性、纯粹之精的艺境，可为君主之用；而外形的修炼，亦要经过“元亨利贞”四个过程，才能达到静而不躁、阴柔之质、镇静厚载的艺境，可为臣民之用。且外形必须顺从内气之时，执着于正道，才会有其所用之处。内气、外形的内主外从匹配合一，也要经过“元亨利贞”四个过程，才能“百折不屈，九转而形骸备”，即“统三才于一致”。

太极拳术攻防之道的著法立说，其修炼、建体、致用内容，始于神明艺境之人。然其代代传授却依乎道术，即内功心法。术者，几近于道矣！故习太极拳术者，虽拜名师，犹贵于知道、明理、得法，按法专心修炼，百倍用功，焉有不成功之道理？内炼精气神的功夫为精，外炼筋骨皮的功夫为粗，“内外精粗无不到”的说法，可为之证。

惟有聚精会神才能壮自身之气力。但不知精何以聚、神何以会者，虽竭尽毕生之心力，也漫无适从，终无所获知也。岂知“神以气会，精以神聚”，欲求精聚神会，非聚气不能也。

聚气之法

惟将用意谷道一收缩，将玉茎一收，使在下之气，尽提于丹田之中，而不从下走泄；采集天地之气，尽力一吸，使在上之气，尽归于丹田，而不让散。下上之气团聚于丹田，则气聚而精凝，精凝而神自会其中。此正是“非取天地之气，无以培养之本源”。所谓天地之气，乃以自身小天地而言。以人而论，肚脐以下为地，肚脐以上为天。采天地之气，即下要尽提气而入丹田中，上要采集气而入丹田中，此乃浮气聚要之法，即“上下凝乎中，中气甚坚硬”的聚气之法，又是聚精会神之意。聚气法乃培养人之本源的方法，即求内气、内劲之法。修炼从根本而立，而末自从矣！根本壮则一身自然健壮。

③ 将何以飞取雁书、远逐鸿迹

雁书者，书信也。古有“鸿雁捎书”一说。书信者，往来信息也。飞取者，快也。此乃言太极拳术较技攻防时，要以听探的良知尽快捕捉对方动变的信息，以抓住对方空隙，方能一战胜之。“飞取”信息，又有“意在人先之意”，而意在人先的功夫，又是听探功夫高度集中升华而来的。总之，没有轻灵的功夫艺境，是不能以听探而知人的；舍目之清明的审时度势，更不会有意在人先之境界。

“远逐鸿迹”又是何解？逐，追逐也。鸿迹，指由听探和意在人先所捕捉到的对手动态迹象。较技者必以自身的内气率领外形紧随其后，因势而发之，或击或化。

由此可知，“飞取雁书、远逐鸿迹”是说自身的听探之良知、顺化之良能在攻防中相互为用。攻防虽繁杂，瞬息万变，但皆是以听探用顺化而完成的，实无例外。非自身轻灵，不能如此用。

关于自身轻灵功夫艺境，众前贤皆有论述。今录两条，以资对照。

> 身滞则进退不能自如，故要身灵。举手不可有呆像，彼之力方碍我皮毛，我之意已入彼骨内。两手支撑，一气贯串。左重则左虚，而右已去；右重则右虚，而左已去。气如车轮，周身俱要相随。
>
> ……
>
> 又要提起全副精神，于彼劲将发未发之际，我劲已接入彼劲。恰好不先不后，如皮燃火，如泉涌出。前进后退，无丝毫散乱。曲中求直，蓄而后发，方能随手奏效。此谓借力打人、四两拨千斤也！（清·李亦畬）

④ 习得形剑成于外……斩七情、断六欲而绝淫根，破异术、

灭妖通以除恶党

此段首言“习得形剑成于外，则剑气备于内，是尔身心自有主”，如以太极拳术攻防之道论之，则是“形拳成于外，则真气备于内，是尔身心自有主”，两者意义相同。由此看来，对内气、外形之君臣主从关系的认识，传统手战之道中是一致的。当达到无师自通的艺境，即自身之自然智慧打开时，便能知常人所不知，能常人所不能。对古今事物的生成演化的因果如亲眼所见一般，豁然开朗；谋划各种事物，自然周到而无疏漏，以直接感觉而能通达。内气之运行展布，修炼时为“相”，此时心自安静，身体顺畅通达；较技时为“将”，可统率全身征战。此即“剑气备于内，是尔身心自有主”的“主”之义。

儒家之御侮、道家之降伏、释家之真空，皆与传统手战之道的学说相一致。孙禄堂先生有段精彩的论述，可与之对照。

> 余自幼年好习拳术，性与形意、八卦、太极三派之拳术相近，研究五十余年，得其概要。曾著形意、八卦、太极拳学，已刊行世。今人又以昔年所闻先辈之言，述之于书，俾学者得知其真意焉。三派拳术，形式不同，其理则同；用法不一，其制人之中心，而取胜于人者则一也。按一派拳术之中，诸位先生之言论形式，亦有不同者，盖其运用或有异耳。三派拳术之道始于一理，中分为三派，末复合为一理。其一理者，三派亦各有所得也：形意拳之诚一也，八卦拳之万法归一也，太极拳之抱元守一也。古人云：天得一以清，地得一以宁，人得一以灵，得其一而万事毕也。三派之理，皆是以虚无而始，以虚无而终。所以三派诸位先生所练拳术之道，能与儒释道三家诚中、虚中、空中之妙理，合而为一

者也。(《拳意述真》)

⑤ 外有三尺剑，内必藉五本以佐之，始保一身安闲、无事纷纭耳

上文谈到“剑气备于内，是尔身心自有主”，此剑气正是太极拳术的精、气、神内三宝得以浑化而成的正阳之气，其名曰真气、内气、中气、内劲、精神、神明等。传统太极拳术在历史发展进程中对内气这一事物的立名不同，但实质无异。

艺当熟习，即攻防招法要熟习。何谓“熟”？有意练功，无心求功，功自出。当一切攻防招法的运用，达到曲化直发、黏走相生、无心而用、随感而应、应无不当时，谓之“熟”。

然“外有三尺剑，内必藉五本以佐之，始保一身安闲、无事纷纭耳”，此中“内必藉五本以佐之”的“五本”之意，乃精髓处。细论之如下。

关于拳术之上下，心为君主，为上；内气为臣，在下，此一说也。内气为君主，为上；外形为臣民，为下，此又一说也。故内气又名中气，此之谓也。再以外形而言，肚脐以上为天，肚脐以下为地，此亦上下也。拳术之中，言天者求之本，言地者求之位，言用者在人之气交。上下之位，气交之中，人之居也。天枢之上，天气主之；天枢之下，地气主之；气交之分，人气主之，万拳由之，此之谓也。故气之升降，即天地之更用也。升已而降，降者谓天；降已而升，升者谓地。天气下降，气流于地；地气上升，气腾于天。故高下相召，升降相因，而变化作矣。

关于这段五行阴阳之论，拳家论说已至明。陈鑫说：“用刚不可无柔，无柔则环绕不速；用柔不可无刚，无刚则催逼不捷。”杨谱（《杨氏传钞老谱》）说，由屈伸动静，见入则开，遇

出则合；看来则降，就去则升。夫而后才为真及神明矣。

陈鑫《太极拳权论》

至于人之一身，独无运动乎？秉天地元气以生，万物皆备于我，得圣人教化以立，人人各保其天。因而以阴阳五行得于有生之初者，为一身运动之本。于是苦心志，劳筋骨，使动静相生，阖辟互见，以至进退存亡，极穷其变，此吾身自有之运动也。

《九要论·五要》

今夫捶以言势，势以气言。人得五脏以成形，即由五脏而生气，五脏实为生性之源、生气之本。五脏名为心肝脾肺肾是也。心为火，而有炎上之象；肝为木，而有曲直之形；脾为土，而有敦厚之势；肺为金，而有从革之能；肾为水，而有润下之功。此乃五脏之意，而必准之于气者，以其各有所配合焉。此所以论拳事者，要不能离乎斯也。

《易筋经·贯气诀》

肾属水脏，而主骨，乃生肾而长骨。水能生木，肝属木脏，而主筋，筋附于骨，乃生肝而长筋。木能生火，心属火脏，而主血脉，乃生火而生血脉。火能生土，脾属土脏，而生肌肉，乃生脾而长肌肉。土能生金，肺属金脏，而主皮毛，乃生肺而长皮毛。金能生水，肾属水脏，而主骨。五脏依次而长，六腑依次而生，是形之成也，因真乙之气妙合而成，形乃气之聚也，曲成百骸毕俱而寓。一而二、二而一、一二固不可须臾离者也。

王芗斋《意拳正轨》

盖拳术中之所谓五行者，换言之曰金力、木力、水力、土力、火力是也。即浑身之筋骨，坚硬如铁石，其性属金，故曰金力。所谓皮肉如棉，筋骨如钢之意也。四肢百骸，无处不有若树木之曲直之形，其性属木，故曰木力。身体之行动，如神龙游空，矫蛇游水，犹水之流，行迹无定，活泼随转，其性属水，故曰水力。发手若炸弹之爆烈，忽动如火之烧身，猛烈异常，其性属火，故曰火力。周身圆满，敦厚沉实，意若山岳之重，无处不生锋芒，其性属土，故曰土力。凡一举一动皆有如是之五种力，此方谓五行合一也。包罗天地，弥满六合，充塞宇宙，性命之学，亦即天地之阴阳也。……无为则神归，神归则万物寂，物寂则气泯，气泯则万物无生……如是方能得周身之浑元也。

前引数条，是先贤论拳之练、用，皆本五行而论，从不同角度立论，阐发其微旨妙义，以为习拳者所用。为何皆能从五行立论呢？五行学说是《易经》中的哲学命题。依据五行学说，可解天地之道理，可治国、安邦、平天下，可治军成善战之师。中医依此而立生化机制学、病变机制学、药物性理学、辨证诊断学、辨证施治学等。传统拳术大家们，亦从五行学说的自然法则中全面地探讨、认识修炼、建体、致用，以及攻防艺境升华的理法准则。

⑥ 故君子有三变，望之俨然，即之也温，听其言也厉。功用到此，谓文兼武全将相身，更必出处有道焉

太极拳术攻防之道的正确修炼需要经历“法分三修，游历

三境”的阶段，故使修炼者有三种艺境变化。已达攻防招熟的小成者，望之威严，像个习拳练武之人，正是“易骨：练之以筑其基，以壮其体，骨体坚如铁石，而形式气质，威严壮似泰山”，此一变也。但此时修炼者尚见猛烈之气，性尚不真，“尤当博阅天文、地理、人事，驳杂于中，在一番体任知改择中，卑以身处之心”。此言何意？谚云：“学拳习艺三年，世无敌手；再学三年，寸步难行；再学三年，世事洞明。”

太极拳术应具温柔之气、正直之风，必是和缓中锐利锋芒，灵则通神，玄能入妙，以体道归一。然此时细察自己攻防之用，内心尚存致胜的心理，外形尚求出招暴速，其动骤急，其行必受损伤自身的杀气之害，即应立改之。改法如何？其法很简单，即外形和心“承天而行之，故无妄动，无不应也”。其理，乃“执天道而行，灭己之欲妄贪心”，也就是唯道适从，必以“意气君来骨肉臣”为宗旨，方能外从其势以化之，内调至中和以去杀气。

自身内气、外形的攻防动静，阴阳往来，以德报德，以化报化，顺随而为之，纯任自然。杀气者，只能去之，不能加以强化。攻防往来，周而复始，外形有疆界，内劲有分寸，气力分大小，恰到好处是功夫，皆在适度，不能过矣。过则失度，资敌致败之由矣！“以形为制，尚气用力，神从则害”的鲁莽者，必然诸病百出，轻者不通攻防之道，重者伤害自身，疾病缠身，甚者危及生命，导致早亡。从攻防较技角度论，没有健康的身体、充沛的精力，以疾病之身角逐于较技场上，难免要遭他人的重创。本应内气、外形、阴阳、刚柔相济互用，人以刚来我以柔往，人以柔走我以刚逼，此乃顺从的无为之法。如自身双重之病在身，在与他人较技时，不知以柔用刚的顺随法，任凭顶、扁、丢、抗而施之，此乃资敌致败之道矣！王宗岳批评这种人时说："每见数年纯功，不能运化者，率皆自为人制，双重之病未悟耳！"

太极拳术的君子之修，有三个变化阶段。望之庄重，就之也温和怡人，听其言，面不动容而声音严厉，功成艺就所致。功用到此，谓之文兼武备双全之将相身。究其所因，必修之有道。内功修炼，可使自身内清虚外脱换，平和调身如宰相。较技攻防时，以柔用刚，内气为领兵之大将。此即"文兼武全将相身"之精义，乃健身、技击并行不悖之妙义。

⑦ 必加一能己百、十能己千之力，甚勿空演招数。更须深参奥旨，方克许有为哉

修炼太极拳术攻防之道，拜得明师，得师所传之法，精心修炼，百倍用功，他人练一次，我必练百次，他人练十次，我必练千次，这样努力修炼怎会不能熟之，不能精之？

在修炼攻防招法时，甚勿空演招数，要在演练招法时首先明白此招法的立意。手法、身法、步法的基本规矩，此招数和其他招数相互转化的方法、要领，都要吃透，练得纯熟。"纯"是时时处处合规矩，"熟"是抬手就做得出，不用思索，贯彻的是"意气君来骨肉臣"的练用宗旨。练招法时，要设想有一双手在与自己盘手较对，手当如何攻防、步当如何进退、身当如何变化，俱要算定，仔细体认，此乃由体致用的修炼妙法。

太极拳术实战能力及艺境的提高，又不单纯在于苦修苦练。明道理者，修炼方法正确，则有明确的证验，否则，反而无功，甚或有害于己。故在修炼过程中，更须时刻检查自己所练是否正确，克己之欲，唯道适从，方能有所收获。此正是"更须深参奥旨，方克许有为哉"之精髓。

⑧ 炼剑莫先于炼气，炼气要首在于存神。存神之始功，根于固精。能此方可以论剑之练法，否则作辍之，鲜有成为完璧者

本文到此方开始阐明练剑，亦说练拳，皆应该先修炼内气以为筑基入门。由此可知，内气乃一身动变之根本、主导。修炼太极拳术攻防之道，不管是械术还是拳术，都要先修炼内气功夫为筑基入门之方法。我们可以从《易筋经·贯气诀》和《内功四经》所论述的练功顺序中得到证明。这就给我们今人修炼太极拳术指明了起手入门的道路，使我们避免走弯路或入歧途。

修炼内气，也就是炼精化气。然炼精化气之首要在于存神，神不能息于丹田之中，则精不能化气。故曰炼气要旨在于存神。如何能存神呢？存神之始的功夫，根于固精，即古传聚精会神之方法。

《易筋经·贯气诀》中有“上下凝乎中，中气甚坚硬”的说法，《三皇炮捶》中有“浮气要聚”的气聚丹田法。准确地说，聚精会神乃阴精、阳精之相聚，方才以此精而化气。关于阴精、阳精，老子在《道德经》中说：“惚兮恍兮，其中有象；恍兮惚兮，其中有物。窈兮冥兮，其中有精；其精甚真，其中有信。自今及古，其名不去，以阅众甫。”

当真阳之气跃跃欲动，从丹田飞腾而出，则修炼者顺势以导引法行周天之功，使真阳之气在身体内运行，是为运气，或曰搬运。经过一定的修炼，内气可在体内健运不息，运行自如，独立存在而不改，可谓之内气功夫初步修炼功成。当内气达到具有神以知来、知以藏往之能，可为身之宰相、将帅，可行君主之令时，修炼者方可以论健身之要旨、手战之道的攻防外用。否则，修外用之攻防招法也只是盲目的技术、肤浅的技击功夫而已，因

为其尚不具备较佳的听探之良知、顺化之良能。这些修炼者，很少有人能达到“人不知我，我独知人”的神明艺境。笔者曾于20世纪80年代教了几个人，专习手法攻防之技，并没有修炼内功，时至现在，他们的技术水平还达不到妙手、神手的艺境。这就很好地证验了“否则作辍之，鲜有成为完璧者”之论断。

修炼内气功夫，不要刚暴猛烈，也不要缓慢不前。内气运行不要刚暴猛烈，否则多生弊病，正所谓欲速则不达，也不要进程缓慢，而是要见景生情、随情景而变化升华，此所谓“守一法死，得一法活”。修炼攻防招法时也是一样，松静自然，随机用势，不能运用刚暴猛烈的后天之力。松静自然、随机用势，并不是缓慢滞行之意，而是舒适和缓、快慢相间，目的是达到内气、外形中和化一，心平气静而得势。这样才能做到存机用势之攻防，兼存精用气以养神，练养结合，以练为养，内气、外形刚柔相济、互根为用。

外形中正安舒，动变如行云流水，便能和中。外形具备内感通灵之功，能和中气变化一致，而互为其用。此乃外形功夫之要旨。这说明练外形之纯任自然亦是长生之修。外形动变纯任自然，必耗能量少，耗能少则精气长存，故曰“练形亦可长生”。

活动筋骨，纯任自然，外形便能柔弱无骨，乃得筋骨空灵之境，自然身体动变轻灵。筋骨轻灵，气血周流顺畅，自然活力便增加了。此力乃灵通的筋骨之活力，变化无形又无穷，并非力量之大的蛮力。这点一定要区分清楚。

太极拳术攻防之道的修炼，自古相传，是为“朝夕”功夫。“朝”为露水功，“夕”为熬灯油的功夫。朝、夕功夫又各修炼什么呢？

由子至午炼外

由半夜11点至第2日上午11点，锻炼外形功夫，如抻筋拔骨、展筋伸骨、柔弱无骨，攻防招法的单操、喂手、拆变，盘拳过手的操练，以外形、外用功夫为主要内容。这个时间段，人的生命机体朝气蓬勃，阳气通外，是形体阳气运行最旺盛的时期，即一阳生而至三阳盛。故在这个时间段内修炼外形诸方面之功夫都可取得最佳效果，因其符合阳气外动之性。

自未至申静息

由下午1点至5点，为静养生息、守中之修。由于上午修外形功夫，身心皆有所劳，故在午后以静养生息之法守中复本。因为至午时，人体三阳虽盛，而一阴自生，阳气自有内归之势，顺其阳气内归之势，以静养生息应合阴生之静，使阳气复归于内。午前练动，应合阳气外行，午后静息守中，应合阳气内归，此乃顺生机之自然的修炼方法。

戌则吞斗持罡，运用水火，妙在筑基，清心寡欲

下午5点到7点乃酉时，是休息之时，应进晚餐及餐后休息。晚7点到9点，乃三阳之气归于内中，内机正盛之时，应合此身体生机之势，修炼内气功夫。静练桩功，即站、坐、卧，或动练内养功，诸法皆可行，但以内练精、气、神功夫为主。练功内容可行“炼精化气、内气运行、炼气化神、炼神还虚、驭气、驭神”。此即文中所说的“运用水火”的坎离相济，阴阳交合。此内练内养的功法，皆为构筑生化之根基。

修炼内功之时，必须清心寡欲，才能唯道适从，按法而修，勿忘勿助是其准则。忘则神迷气滞，助则神昏气乱，忘助则百乱丛生、众魔侵进，后果不堪设想。修炼内功，全凭自然，事由心造，心想事成，景象情致虽幻皆真，修炼者谨守“念住不住是为真住；来者是真过者是假”的内功真诀，自然在修炼中“迎送相当”，方可境境历过不迷而入圣境，层层游到自不稀奇。

上述入道之机、成道之具是丝毫不可含糊的，修炼者必须遵此而行，方能有所建树。惟有顺生机自然之理，朝外练夕内修，练养得法，内气、外形阴阳协调，主从理顺，方能虚实相须，内外一贯，而能体全用精。

⑨ 圣经云：知止止者，亦进攻退守之道也

“圣经”，此处乃指《易经》。

太极拳术攻防之道的致用，首要是进退。诀云“攻防进退横竖找”，攻则进、防则退，自身要有奇正变化。奇正者，身法之横竖、正侧之谓也。此言“乘机以进，无隙则退”，说明定在有隙必乘机以进击，有隙可乘，不敢不入，失此机会，恐难再得。有隙乘机而进，势在必得，乃进法之妙用，即“放之则弥六合”。人之劲一挨我皮毛，我即知其虚实，我之意已入其骨里，于彼劲将发未发之际，我劲已接入彼劲，恰好不先不后，如皮燃火，如泉涌出，将其跌翻。此乃以静制动的进击之法。

无隙则退，对手无隙、无力可借，势必退取固守，此乃虚在当守。在不得势或得不到进攻机会的时候，应当采取防守的策略，此时防守的态势应是“卷之则退藏于密”，即让对手不知自己所攻，使对手无从找到进击的方位、角度、线路、部位。此乃善守之道也。

手战之道的进退法则，即“乘机以进，无隙则退”，其艺境是“放之则弥六合，卷之则退藏于密”，修炼者必掌握到“卷放必得其时中”的火候，才是炉火纯青之境。时至此境，可以说“奇正明，拳法成；精神全，神力猛”。这里要说明的是，进退要达到什么效果才能有神力猛之体现呢？谚语“进则人所不及知，退亦人所莫名速”，真正体现了“精神全，神力猛”的效果。

“知止止者”，《易经·彖传》曰：“艮，止也。时止则止，时行则行，动静不失其时，其道光明。艮其止，止其所也。上下敌应，不相与也。是以不获其身，行其庭不见其人，无咎也。”这段论述说明了太极拳术进攻退守之法则及其至神至妙之艺境。艮卦，是说明“止”的，如止于行、止于进、止于退、止于静、止于动。然止之用精，当止于至善。何谓止于至善？即不管进攻还是退守，当止于当止之时、当止之地。能止于至善，则时止则止、时行则行，动攻静守不失其时、不失其位，其用必致光明之境。艮之止，止其所处也。上下左右与敌争战周旋，不与之正面相争也，“惟顺其势，借其力；让力头，打力尾；以柔用刚的黏走相生，化打合一”。处此法之中，谓止其所处也。

故总结曰：进攻之道，见机而作，即乘隙而入，不能错失良机，则攻必克敌；退守之道，忍辱为先，即无隙就退，再图进攻之机。常人以退为辱，故此处借用之，而言退守之道，是忍辱为先。传曰“一忍可以支百勇”，乃有谋略者方能行忍。此也正是兵家先为不可胜而后图谋之的战略战术之体现。既有争斗，就有攻守之变化，进攻退守，皆胜人之法也，用之得当，便为上者。能知以柔用刚的技术方法之精义者，谓用之得当，是为上者。

进则当进之时之地，退则当退之时之地，是为进退得宜。能于较技中进退得宜，便为“知止”之道，以此胜人乃理所当然。若茫然不知彼之虚实，而妄进妄退，昧而不知对手之短长，而盲目地发动进攻或退守，不单单是徒劳无益，恐怕要招来对手借我之失机失势，将我击败，及至此时，而悔之已晚。正如《太极拳经谱》所言：“敌如诈诱，不可紧追，若逾界限，势难转回；况一失势，虽悔何追？”此乃盲昧而进招来失败的教训。又曰：“我守我疆，不卑不亢，九折羊肠，不可稍让，如让他人，人立我跌。”此乃盲目而退招来失败的教训。习太极拳术攻防之道者精研攻守进退之法，方能为己所用。

故对于修炼太极拳术攻防之道，有关胜负之论，曰：“战胜一时，由于训练千日功夫。岂偶然乎？”胜者，练功之证验；败者，亦练功之证验。胜负的根本原由在于练功是否正确、合道、合理、合法。胜与负是修炼的必然结果，并非偶然的现象。

⑩ 直养自然先天之能力，在神为非人力也。无害者乃顺生机之自然，去其害生机者也。养至真息圆满，百慧从生，永生无灭。小可经纶，大可赞育天地，故曰则塞于天地之间

原谱中缺此“直养”之“养”字，笔者根据“气以直养而无害”加之。

人为万物之灵，但必须是心与道洽合，方能称为灵。就修炼太极拳术攻防之道而言，必内外兼修，内有文体成，外有武用精，文体、武用合道者，方可在较技中能制人而又不被他人所制。能如此者，乃君子之修。《易经》曰：“其德行何也？阳一君而二民，君子之道也；阴二君而一民，小人之道也。”君子之修，一君而二民，则主从顺也，遵天道而行，其德盛，故道法长，乃顺天之道行。即以神为主，以气为充，形从而利，以柔用刚，顺

随为法，是谓君子之修道法长。小人之修，二君而一民，二主一从，内必二主相争，主从不顺，背天道而驰，其德衰，欲妄增，故道法消，乃背天之道驰。即以形为制，尚气任力，神从则害，阴阳不辨，动静不知，刚柔不分，虚实不明，任欲而为，是谓小人之修道法消。

修炼之事，必心与道洽合，即与道同体。道体者，万物之祖始，本无形无象，即太虚之状。太极拳术攻防之道所谓“恢复古原始”，就是《浑元剑经》中所说的“三才浑化归一的浑元之道体”。只有此道体成，才有此道体的“一而三之元玄”之妙用，即听探之良知、顺化之良能，达到神化之功的艺境。

要将神、气、形三才浑化归一成此道体，必须从修炼内气开始，即从丹道所论的炼精化气、炼气生神、炼神还虚为始终。在修炼过程中，刚柔浑合，阴阳互生，而来往造化之神涵于其内，最终可使自身内清虚而外脱换，达到虚灵妙境，皆空灵无间之真气使然。此乃“有形练到无形处，练到无形是真功”之精髓。道体无形，故能生妙有。

太极拳术“意气君来骨肉臣”的宗旨就是以真气言自身，而此真气运行，来往造化之神又涵于其内，故“其大莫喻，岂小难破”。故“气以直养而无害”，是说真气之生成、运用，乃至自然先天之气，其所以能有攻防之致用，是在神为，非人力也。故曰“直养”二字，是说真气之生成、运用过程中应“勿忘勿助”。忘者，神迷遗失，不知所以。助者，妄为，假借人力以助之，故曰妄，已非自然也。

修炼太极拳术攻防之道，外遵天道而行，内顺自身内外各部位器官性能而修，方能成之。即此文所讲的“无害者乃顺生机之自然，去其害生机者也”。可知古今见解无异尔。若修习者采用糊涂练法、武练法、横练法而残害自身的自然生化之机，会导致疾病缠身，甚至危害生命。故前贤一再嘱咐文练乃正宗。舍此之修炼皆不能与道洽合，便是俗学旁门，难窥圣境矣！

《浑元剑经》中言真息圆满。何谓真息？何谓圆满？此是内功修炼法中的术语。真息者，乃真人之呼吸，即真气呼吸法，非指口鼻呼吸。真气在体内运行，有升降涨渺之景象，故定为升渺为吸、降涨为呼。真气以此而运行是名真人呼吸法，简名真息。圆满，是说炼神还虚、慧开道通的光明境，是为功德圆满。神炁合一，而至一身无处不能真气呼吸，便是手战之道的真息圆满。我只从手战之道而论，不从炼丹而言之。丹道的真息圆满，另有其说，两者不可混。

⑪ 夫勿妄者……皆当准乎文武火候，以行为的

内功修炼法中常说火候，火候喻一气之进退的节奏，有真火、武火、文火之区别。真火者，含文、武火，文、武火正确即真火。真火之妙在人，若用意紧则火燥，用意缓则火寒。勿忘勿助，非有定则，实有物候。犹最怕意散，不升不降。以修炼内气而言，凝神入气穴，乃武火也；凝神照气穴，乃文火也。文、武火候，皆本生机之自然者也，故在练、用之时，用意紧助火燥，乃妄加人力而助之，必发病也；用意缓则火寒，乃忘也，意散也，必生病也。可知，修炼内气生成、运行、致用，都要勿忘勿助，顺其自然，也在自己把握。此把握是神为，非人力。神为者，中和之道。人力者，忘者、助者、妄者尔。

修炼太极拳术，果能明道，时时处处以柔用刚，不计算何时能成功，就是“有意练功，无心求功，则功自出”。这样修炼，就是无为之修，就是神为而非人力了。能够很平常地运行无息的武火之力，即内有真气，其象若存，固然不入顽空之境。神气合

一，明而不昧，自然没有昏迷沉浊之偏的证候，必然是中正安和、温柔儒雅之象。

⑫ 一　休逞欢来歇力行，免将过役倦容生。中庸万古传心法，中以庸行戒律清。二　气欲足兮精为本，神光无滞天地春。四肢鼓荡皆符道，力量增加要日新

根据声韵，此歌诀并非一首七言八句的律诗体歌诀，而应该是两首七言四句的歌诀。究其原因，可能是传抄时的笔误，故此予以更正。

修炼太极拳术攻防之道，既不能过急地锐利进取，恐多退速之虞，又不能太缓则疏，未免有作辍之情况发生。究竟二者应如何把握，才能达到修炼之目的，不疾不缓而能适度进阶，以历诸境而最终功德圆满呢？其在歌诀中已言明，就此逐句阐释其中精髓，方能知之。

休逞欢来歇力行，免将过役倦容生。

修炼太极拳术攻防之道，外遵天道而行，内顺生机之自然，其修炼的具体日程安排，即前面所言的午前练外形、午后静休守中、前半夜修炼内功。这样的安排，既有内外功法的练习，又有足够的养气、养神的时间，既不疾劳又不缓逸。修炼时千万不要心血来潮，即兴逞欢狂练。

修炼时不尚血气，不用横力，而以纯自然先天之力而练，一不过劳，二可体认其中妙趣。如修炼时间过长，自会产生疲倦感，因此一曝十寒，就得不偿失了。即使静练功法，也不能修炼太长时间。如现今有练站桩功法的，一站就是几个小时，此属练功不当。过劳之苦，反而耽误功夫的升华。练功本是心领神会的事，心往何处想，身体就会自然做对了。一般的攻防招法都没有高难度的动作，只要外形能够放松，经过几次调整基本上就做对

了。只要动作会做，多几次练习就熟练了，熟练后再求变化，积少成多，只要顺随对手变化，持以柔用刚之技法，便可渐渐入门。开始修炼实用变化时，千万不要想着打人，只求对手打不着自己，也就抓住练用的要领了。只有这样务以意会、法以神传的渐悟修炼，艺境才能逐渐得到提升。每修炼一个多小时后，要用半小时时间认真思考总结，深刻领会，并提出新的可行目标，然后再练。目的在于理解，理解后练用，身体自会产生系列变化的能力。此乃笔者多年修炼的心得体会，这样修炼兴趣高，每次练后都有新的认识和领会，身体适用的范围广泛，攻防能力在不知不觉中自然就会加强了。

中庸万古传心法

中庸之道，就是中和之道，即“无过不及，不偏不倚，中正安舒”。在修炼一事上，又有“知”“止”“定”“静”“安”“虑”“得”七妙法门。对于任何事物，先要知，根据知而止于此处，止于此处久也谓之定，定则能静，静无不应则安，安排得当则虑，能得其精华。无事不是起于知，终于得。故《大学》言：“物有本末，事有始终，知所先后，则近道矣！”

中以庸行戒律清

庸，平常也。平常的所作所为之阴阳不偏不倚，无过不及，就是中和之道。

气欲足兮精为本

真气生于精，炼精化气，故精乃真气之根本，故固精、聚精会神自能化生真气。修炼太极拳术攻防之道首在炼气。炼气在于存神，存神之始功，根于固精。能知此者，按法修炼就可以了。

神光无滞天地春

气足则神充，神充则质而弥光，即目有神光、身有灵光、体有元光，浑光普照，神采奕奕。身内纯阳之气立定，众阴邪退尽，体内万物生气勃勃，亦如明媚之春光，一派温柔和缓安泰之景象。自是虚灵妙境，此乃修炼太极拳术的正果。

四肢鼓荡皆符道

满身空灵，内气腾挪。下之步法、中之身法、上之手法，步法进退鼓荡之势，身法之腹内松静气腾然，手法攻防亦成鼓荡之势，此乃纯先天自然之力所成，时时刻刻符合攻防之道的法则。

力量增加要日新

修炼太极拳术攻防之道，到懂劲以后，每天都有新的体验，此乃进入日日新的境界。大成艺境的神化之功指日可待。“力量增加”，并非后天之力量增加，而是先天自然之力的运用能力增加了。理解了《浑元剑经》前后文之意旨，也就可以明白“在神为非人力也”了。

综观歌诀之精义，修炼要执中庸之道才是太极拳术攻防之道的正统。故在修炼、应用中，时时刻刻都要以中庸的戒律约束自己，以中庸所传心法启发自己，才不会执偏，不会产生过和不及所造成的弊病。

⑬ 非养得目有灵光，难使敌一见生畏怯于心……故敌人动得其咎

太极拳术攻防之道，神以知来，知以藏往，不知则盲动、妄动。真知，乃从体认中来，无体则无用，真知则动静恰到是处，应无不当，则曰快。俗话说熟能生巧，熟练以柔用刚之技术方法，省时、省力、省事，则巧生。

于此可知，手战之技术方法，不灵巧则不能化敌之击、乘敌之虚而进击，无智则不知如何柔化，无刚则虽能进击，却发不得人出，不能致胜。故神智、刚柔、灵巧全具备时方可与敌一战。

然神为一身之主，神全则其他诸项皆备。

故有“非养得目有灵光”的说法，此乃修炼功夫至上者也。目有神光则知，身有红光则柔，体有元光则刚。神知则能以柔用刚致至巧至妙矣！

目有神光。目乃心之窗，心藏神，故神足之光芒由目而显，足以照远出威，见微知著。一方面，知敌来意，见其短长，乃审时度势清晰无误，扑捉战机自然百无一失；另一方面，胜敌以攻心为上，目有青苍之神光四射，照远出威，足可摄敌胆、惊敌心，而使敌心惊胆怯，不战而自败矣！

身有灵光。灵光乃红光缭绕于身，说明外形已至空灵之圣境，故灵光呈现。攻防之道，双方角斗，利在速胜，无故拖延，百害丛生，乃兵家之大忌。与劲敌交手，更应以疾速取胜为佳。只有身有灵光者，才能疾胜劲敌，即一触即发而胜之。

体有元光。元光者，元气之灵光，刚健之纯，乃体外黄光闪烁。元光者，乃精足气满刚健之纯象也。精足不思食，气足不知疲，神足不思睡，故有元光者可临大阵而能耐久战不疲，越战越勇。

以徒手搏击而言，能达目有神光，身有红光缭绕，体有元光闪烁，三光具全，是内外功德圆满之象，可谓毫无欠缺了。一身浑光普照，可谓无隙可乘了。惟见其目中、身象、手上，更有一番稳如泰山之势，动则如龙之灵，快则似虎之准。其神志安详，威风不抖自呈，足使人畏。对手一动便得对手之过失而即胜之，非得道者，安有此绝世之功夫？

⑭ 古之将帅，操不胜之术者，以其训练精细，百战无敌，谁敢慢视哉

古之将帅，操演战无不胜之术，非勇猛恃强也，以其训练

精细，骁勇善战，故百战无敌，称名于世，谁敢轻视？修炼太极拳术攻防之道，欲达战无不胜之境，亦必训练出以柔用刚之精细技术。

⑮ 海底

此处指内气，由腰降至尾闾，到会阴穴，上升到气海、丹田中。会阴穴又名壶底，因“弄壶中之日月，搏掌上之阴阳”的说法而得名，是内气上下运行的必经之要道隘口。

⑯ 夫行走之间，更有三字诀，乃清、净、定也。清字，存神泥丸，如水清月朗，风轻日暖；净字，一气到脐，思看取莲花净之意；定字，一气至海底停住，思如泰山之稳，外诱难挠，如松之茂，如秋阳之清暖，如露之含珠、月之浸水

莲花净，是内功心法中莲花童子功的修炼法式，又有火里种金莲的功法。

“夫行走之间”，即在随功所行之处，乃至散步行走之间，还要有清、净、定三字功法融于其中。有云：“百练不如一走，百走不如一站。”今以走而言，如果在行走时，存想神居百会，自身亦如水清月朗、风轻日暖，定于此情此景之中，自得元神照巅之功。如果在行走中，一气到脐，用净、定诀，思念看取莲花，自然有净之意，则如秋阳之清暖、如露之含珠、月之浸水的不练自练，以养精、气、神、形的坚融之功德。如果在行走中，再合精、气、神、形而为一，自泥丸而想涌泉，自然全体透空，气行无碍，气自不停变化，久则神光聚也。一如桩功之修，所得无异。

推而广之，以此清、净、定三字诀，糅合于练套路、练单操等诸练法中，所得艺境是相同的。由此论而知，习练太极拳术攻防之道，要拜明师，无明师指导引渡，则不知径，还要知道明

理，按法而修，方得浑元虚无之妙境。修炼太极拳术攻防之道，本是灭己欲，唯道适从，故不能以私欲度之而妄为，期盼能成功者，绝无此理。因有一己之私欲，便生贪、邪、巧、吝四病。简论如下。

贪：犯者沽名钓誉，习得雕虫小技，藉以人前夸耀，沽名一时，貌似功能盖世，最终手眼身法步，不见章法；肩肘腕胯膝，不得功夫，自以为通，其实样样稀松。此种人可笑可怜，此其一也。

邪：邪者，不入正道，踏入歧途，盲从瞎练，想入非非，狂妄自大，不求实学，竟抱幻想，一指可伤人命，半日就可登峰造极。招惹事端，无事生非，谎言实事，颠倒本末，故多积怨成仇，反伤生害病，整日忧心忡忡，无片刻之安宁。此其二也。

巧：指奸巧者，独裁自专，一味占便宜、取捷径，不能一而贯之，反觉为美。殊不知“美之为美，斯不美矣”“善之为善，斯不善矣”“君子行无为之事，尚不言之教”的道理，反而投机取巧，结果一无所成。不知天文，不晓地理，不通人情世故，只能惹人一笑而已。此其三也。

吝：不肯用功曰吝，用功不用心思曰吝。不勤练、不勤思、不明道、不知理、不懂法，皆曰吝。此种“吝”人，对于名声，向来贪得无厌，明明于拳学无知，反要神秘而摆阔，还愿为人师、捏事实，结果是搬石头砸自己的脚，做些自欺欺人的事而已，大损自己功德，于人于己皆不利。此其四也。

⑰ 气愈下兮身愈轻，神居上兮心生灵。精常固兮法术行，

形自空兮玄妙通

气无上下内外。经云："其上不皦，其下不昧。""其大无外，其小无内。"此诀言气下，是从外形而说上下。此气即真气，其下则体空，故身轻，亦有清之意。全体透空，真气通透，久则神光聚，则外形内感通灵，可致玄妙之境。功有内气运行，效在外形脱胎换骨。故曰练拳始炼气，炼气要首在存神，存神之始功，根于固精。

此四句歌诀，实乃藏头"气神精形"，又寓藏尾"轻灵行通"，"气神精形"说的是自身修炼，"轻灵行通"说的是修炼后的功果状态，中间嵌入的"身心法玄"，论的是身、心二物，法于玄观。可见，此歌诀精妙至极，将传统手战之道的练、体、用之因果关系、修炼法则、功法境界、系统过程基本全部纳入其中，可谓周全。非亲身修炼、体认、证验，如何能成此诀？可见前贤对手战之道的修炼求真，治学严谨，真乃后人之师。

⑱ 工夫要在学愚鲁，神常生兮心如腐。不见不闻身形固，不动不牵意诚笃。何非大效何非功，务远贪高徒自误

修炼太极拳术的内功、外功及内外合一功夫，喂手、盘较等系列过程中，要学习愚公移山的坚韧不拔的精神。做到难从易处起，大从小处做，高从低处登，多从少处积，最终必能成功。此方法看似笨拙，实乃成功之捷径。

修炼内功者，心死神活，欲心死，元神活。元神活跃，以主修炼、攻防之事。欲心不灭，道心不生，精神不真。人能无所畏惧，神明则见之真，真知则无所畏惧。此并非莽撞行事者可比。神明缘于"心死"，精炼地概括了"道心、理心"和"凡心、欲心"的因果、本质之区别，此乃修炼太极拳术攻防之道的基本法则。

紫阳真人云：修炼一事，本无诀窍。乃是：

始于有作无人见，
及至无为众始知。
但信无为为要妙，
孰知有作是根基。

此歌诀说明了“不见不闻身形固”之精义。正确的修炼之要妙，他人不能见，亦不能知，外表征象与他人无异，实乃法无为而修，即始于有作之意。及至功成，众人才知道此艺境之精妙。精妙在何处？法无为尔，即不与人争，天下莫能与之争尔。

“务远贪高徒自误”一句总结，言明上五句所论内容。不如此修炼，而好高骛远、见异思迁、一曝十寒、妄为妄动、投机取巧、有始无终，不知本末根由，犯者皆徒劳无功。此处严厉地批评了贪、邪、奸、巧、滑、吝等诸种不诚之修炼，习练者应引以为戒。唯道适从，不逞私欲，乃谓之修炼。

⑲外佐以操练之功，久则风从足下生

古人云：大匠诲人，蹈以规矩，不能使人巧。此乃至善之论。修炼太极拳术攻防之道，开始必遵规守矩以正己，即蒙以养正，习惯成自然；然后要脱规矩，既不拘泥规矩，又不离规矩，出招用势自合规矩。规矩要为我所用，而不能以规矩为束缚自己之绳索。此乃始于必然，终归于自然的过程，即建体乃必然，致用乃自然的修炼过程。

“久则风从足下生”，是说出手用招要疾如箭矢、快似闪电。其要点是能接天地之呼吸，方至高超之妙境。接天地之呼吸，即天人合一、无外无我、无内无外的艺境，是与太虚同体的境界。

真气在体内独立存在而健运不息，则吸提呼放、吸渺呼涨，任意自如，是谓内三宝精、气、神凝坚之候，则目光清活圆润，面见金色，乾中润泽，质而弥光，周身若绵，柔弱无骨，声音响中绵软。外佐以操练外形技击之功夫，久则风从足下生，此是内真气呼吸与外天地之呼吸接通之始象。

据笔者练功之体会，“提挈天地，把握阴阳，呼吸精气，独立守神，肌肉若一”，即真人修炼之法。双足下涌泉穴开，如风气从足下进入体内，上升至百会穴，百会穴开，气从百会出，气出圆形外喷而降，再圆聚而从涌泉上升，形成内升外降的涡轮状，周流不息。此谓接通天地之呼吸，极有气势。继之，身如空桶一般悬空而置，下口环形聚真气上升，上口环形散射喷出，复而环形降下。继之，空桶亦消失，自己身体全无，只有一气之运行，不知己之真气、外之天地之气。此乃“肌肉若一”之内功景象。

⑳ 时乎可与天地通气机，与仙人通言语，借日精月华以自补，合太极为一体，内外合一

功夫到如此境界，方可谓“天根月窟常来往、三十六宫都是春”所描述的内功景象。“与天地通气机”，即自身与天地信息相通，并与之同步吻合。“与仙人通言语”，即自己与自己的元神通话，此是修炼内功达到一定境界时必然的现象，好似有人与自己对话，却又不见其人。如无欲妄之心，求问练功升华之事，其答必应；如以欲妄之心，求问妄想之事，求问必答，照其做之，是谓入魔，必有伤害己身性命之忧。古人不知何由，以与仙人语论之，今日辨明，应以道心视之，勿以欲妄之心对待。此乃古人所言“见魔不魔，道法自升；不经魔炼，不知道生”的练功精义。

“借日精月华以自补”。日精，阳也；月华，阴也。指可以

用阳精、阴精来调补自身阴阳之偏。“合太极为一体”，即身与太虚同体。至此，内三宝精、气、神，外三宝筋、骨、皮合一。此“一”，是与太虚同体的“肌肉若一”之“一”也。若以听探之良知、顺化之良能来论，即知能统一。听探之知中有顺化之能，顺化之能中有听探之知，合一而不乱，虽分不清是顺化还是听探，但两者相互为用，丝毫无差。此是出手用招至快之要，明此可谓通达太极拳术攻防之道的练与用了，可称为行家里手。

㉑ 则人心日死而至灰扬，道心日明以至纯粹，则基乃固矣

尝思天下之物皆具灵气，何况人？人为万物之灵，命立，而后性理也就全都具备了，即人降之初，目能视、耳能听、鼻能闻、口能食、皮肤能触。颜色、声音、香臭、冷热、轻沉、五味，皆天然固有之觉；其手舞足蹈与身体四肢动变之能，皆天然运动之能。

然修炼太极拳术攻防之道之所以不易通，是心气不达、不通之过，故习者应以先通心气为法。“气沉丹田德润身”为初通心气之法。古人云：“心有七窍。”若此七窍被七壳所蒙蔽，心之七窍不开，则心气不能冲破七壳以通之。心窍通，则手战之道百法皆通。七壳名曰：玄通、灵根、妙钥、统真、通枢、涵神、洞幽，左辅元龙，右弼白虎。

此所谓“心”，非指心脏器官，而是指道心，心身一元的良知良能的中心之“心”，口、眼、鼻、耳、舌、身、意等根枢以及终端功能所在，即各种功能之根本中枢。不明此，则不明七壳开通之法。开通七壳之法，即内功心法尔。修炼内功，以真气为念，以意为向导，意到、气到、心到，神亦到。心逐气穿，七壳自开，神能普照，气自周全，神自圆融，久而自然之能力生，七窍必然通开。

修炼内功心法，基本上包括炼精化气、炼气化神、炼神还虚三个步骤。然开七壳，本经文列有六字诀“提、催、灵、润、妙、工”和三字诀“清、净、定”，都是非常实用的功法。以下是笔者修炼的内功心法。此中方法，自古流传，数不胜数，不能说哪种好哪种不好，只有通过验证有效，无弊病者最佳。运用如何，也全在练功者把握，悟性之明昧而分。

玄通壳开

壳者，一为皮壳之壳，一为窍解。此七壳，未开时是以皮壳之“壳”而言，已开后，壳破碎化无，则以“窍”名。故玄通壳开，亦可名“玄通窍开”。七壳，皆可以如此理解。

玄通壳：玄者，一指天，一指气，合指深邃之意。玄色黑，其象洞深。此“玄通”二字，指自身内景如天之象，色黑，深邃无疆界。气沉丹田，真气自生，而出现“气升液降”的景象，可谓玄通壳开。内气由会阴或涌泉穴而升至百会穴，复由百会穴而降至会阴或涌泉穴，循环往复，即“子升午降”之精义。此乃“身中之时”，会阴为子，百会为午，此乃小子午周天法；涌泉为子，百会为午，此乃大子午周天法。正如经文所言：“甘露每夜子时升于泥丸，每日午时，流贯周身，则皮肤鲜嫩。”此夜升午降，非自然界之日夜，是自身中之日夜子午之说。

内功心法：应在“无极天一生水桩法”，内气由双足踝至百会穴的升降涨渺同期运行。日练两次，每次两小时，日收两次功，可收两粒，百日筑基，克以成之。一点清明者，此也。

灵根壳开

真气生，则聚而生黍米粒。此即经文所言：“则先天之精刻添一粒，日夜生九十六粒，流走上下。”此乃自身觉知之内景象。有此景象，谓之“灵根壳开”。久则皮润泽生，光眼清爽，永无生眦、发热发胀、昏迷。眦者，即眼屎。灵根壳开，则不会发热，不会肚腹胀满，不会头脑昏眩、痴迷，此乃强身之效。“虽数夜不眠，亦无倦怠，面色如金”，可知是精满气足神充的初俱之候。

然此“先天之精，刻添一粒，日夜生九十六粒”的说法，是取自梁武帝推行的九十六刻制。可知，毕坤先生沿用此制。今天的 4 刻 / 小时 ×24 小时 / 日 =96 刻 / 日，就是从那时定下来的。实际上，古代以十二时辰的十二进制配地，以百刻的十进位制配天，使人类生活、练功于天地交谐的时间场中，受场力影响而阴平阳秘、身体康泰，有很深的指导意义。

拳诀云：“精养灵根气养神，万两黄金不与人。”灵根，即灵性之根，丹田也。丹田不开，是名地户，又名坤户；开者称为天门。老子曰：“天门开阖，能为雌乎？”天门，即天门乾宫，也可称为“玄窍”，为灵性所生之地。此即经文所言“一窍开时便通天，初时幽静无所见”的初开景象。经久修炼，便可内明，即“一片通明九重天”，可从此玄窍直通自然之天，即与太虚同体，便可与天地之气信息相通，借日月精华以补自身。道家所言“不得此窍不为真”，即此窍也。

内功心法：应在“凝神照气穴功法”，此乃文火温养法。日久即可开少腹丹田为玄窍，即灵根壳。此乃地户变乾宫之法，即“灵根壳开”。不开此壳，灵性不全则不灵也，即不能达虚灵妙境，即不能以天心为体、以元神为用尔。

妙钥壳开

何为妙钥？能开启生香的内窍、散发芳气的外窍之功法，称为玄妙的钥匙，简称妙钥。“心性含香”，是能够散发芳香之气的根本原因。至于是如何之香味？据笔者所知，檀香、兰香、茉莉花香、佛手香、桂花香、莲花香等数种较为常现。此乃练功的“生命化学反应”之产物。

内功心法：应在“无极地二生火桩法”。日练两次，每次两小时，日收两次功，冬春秋炼之以火，夏季炼之以莲花。百日筑基，克以成之。此即“二点灵光”之精义。

统真壳开

统者，指统一管理真气生成运行之窍的部位，即炼气化神之头中元神部位。可理解为脑中枢，及其所属之各级官能部位，皆称为“统真壳”。此壳开通，则有目读心知，理而一贯，内外虚灵，功德圆满，基本表现是“耳通真言”，即能与元神对话。有此，是“统真壳开”的表证；无此，是壳开得不完满，尚欠功夫火候。

内功心法：应在“金莲童子功法”。日习两次，每次两小时，克成百日，基础坚固矣。

通枢壳开

通者，通道也。枢者，机枢也，中心关键之谓也。通枢者，通达中枢之壳也。自身有听探之良知、顺化之良能，即“知能”之“枢”，故“枢”有内外之别，大小之分。由内至外，由外至内，乃通枢之法，虽有两种，实为一功德，即通枢壳开。

内功心法：应在“阴阳8字功法”。得法随时练，分皮、肉、筋、膜、骨、髓，各层运行，直通五脏肺、脾、肝、心、肾，内达口、眼、鼻、舌、身、意六根之中枢，可虚实相需、内外一贯，神、魄、魂、意、志、形六合一统，精足不思食，气足不知疲，神足不思睡，形虚、身活、骨轻，百节生胎，乃通枢壳开之明证也。

涵神壳开

涵者，含也。有其处，有其物，而神藏于其中，谓“涵神之壳”。古人云：“养神者，外养全体之神以合气。”可知，神者非一个，“全体”二字就说明了这一点。按，本剑经中就有“阴阳互蒂之神”“阴阳迭用其神”“自然之神”“先天之神”数种之说，而古人所论有“两精相搏谓之神”“一气灵明而不昧者谓之神”“元神”等不同的说法。可知，内外全体之神，非一也；涵神之壳，亦非一也。然从“精足气清，气足神灵”一说中可知，气足则涵神壳开，壳开神自灵。气达自身至幽至明之处，将自身气化无形，便是涵神壳开，此乃简便之法。诸神壳开，则自显诸神之灵通，五官之神、五脏之神、五体之神，皆能神其用尔。

内功心法：应在“如意金箍法”。日练两次，一次两小时，百日筑基，克以功成。再辅以六丁六甲功法则更妙。

洞幽壳开

洞者，窍穴也；幽者，至深之处。洞幽者，至静之地。

修真一派认为是“会阴”部位。然此文说“则气无涌出，神生泥丸”，又似非指“会阴”。此“洞幽”二字之“洞”字，乃作动词“观看”解；“幽”字，乃作至深至暗不明之事物解。以此意揣之，元神藏于泥丸宫中，泥丸宫不开，元神不能返还身中，可知“开泥丸”就是“涵神壳开”了。

内功心法：应在“妙开泥丸宫功法”。常转上丹，再配以凝神照气穴功法，效果更妙。一身只有妙开泥丸才见“气无涌出”之景象。

左辅元龙，右弼白虎壳开

元龙、白虎，是一身内外灵气之主。此二神之壳开，表现为周身毛孔皆开，是肺主皮毛、肝主筋脉之由内至外的最佳表象。可通天地之气息，故功夫至此，周身气候，与天地无违，即“同步”。久则孔孔生胎，真气息之，筋、骨、皮三宝称坚融矣，无六淫之候，可谓疾病之魔退矣。

内功心法：应在“浑圆一气功法”，俗称“虚体来风沐浴法”。得法，日习一次为一小时便可，百日筑基，功夫大成。

针对疏通七壳的效果，笔者谈了认识、见解，并随之确立了具体疏通七壳之功法。这些功法具有捷径之妙。如按现行所述大、小周天功法，循序渐进，未尝不可，修真可以，而修炼传统手战之道，则费时而慢。笔者所立诸法，皆是传统的正统内练功法，具有顿悟立得之效验。专持操练精修其中任何一个功法，皆可经历经文所述开七壳的各种境界，而能破七壳，以通心气，但所破七壳之顺序、层次不可测定。故在此处说明之。然尚有数十种内功修炼心法，此处不一一列举了。

㉒ 夫气灵、力长、身轻之后……精神凝结一团团，动静之为贵自然。随所往来无阻滞，任从指点合先天

上文讲到，修炼太极拳术攻防之道当“先开七壳，再演外武功。火候有准，武备成道法明，所谓性命双修者此也”。然内功修成，七壳开通，如何起练外武功？在何时起练外武功？此经文中谈道：“夫气灵、力长、身轻之后，还须保养百日，方许试习。如随养随练，谓之抽筋扒骨，费力难成。”

气灵：即内气的灵动之性。其隐于内而不显于外，发于丹田，行于骨缝之内，运于肌肤表皮，贯注于四肢末梢，上至百会、下至涌泉，缠绕往来，轻灵圆转，绵软而又松沉，飘渺而又坚刚。化而无，聚而有。随人所动，神以知来，知以藏往。不改变他人而能不丢不顶，不撄人之力的黏走相生，丝毫不差，化打合一，胜人即在顷刻间。无此内气至灵，何能人不知我、我独知人？

力长：此力指自然先天之力，在神为非人力也。肌肤骨节，处处开张。其坚如刚，破之不能开，撞之不能散；其柔如絮，有形如流水，无形如大气。一羽不能加，蝇虫不能落。我能借人之力，人不能借我之力，此用劲之技能长矣。

身轻：“气欲下兮身愈轻”，乃全体透空之意。轻灵如羽，故不易受力。以神为主则“神居上兮心生灵”。此上、下，是以乾天、坤地的主从定位的。内气、外形的君臣主从分明，则身轻、心灵之练用法明矣。

有了上述气灵、力长、身轻三项基础功夫，再加以保养百日，方许试习攻防技击技术，这是为何？因为经过内功修炼，自身达到气灵、力长、身轻，自己的知己功夫在没有外力的逼迫下可以轻松体认得到。如果有外力逼迫，自身就会以后天人力而抗

之，结果气之运行不灵，劲力之刚柔不清，身法不轻灵而呆重，已经修养成的气灵、力长、身轻功夫会全部丢掉，则筋短骨重了。此种现象谓之“抽筋扒骨”。为避免此种养练不明的现象发生，须百日之保养，以巩固已经取得的成果。

精神凝结一团团

即灵神、内气、外形三宝凝结一体，谓之浑，元者，三才总会之地。非浑于始，奚得其元之玄；非元之大，无以显其浑之德。是浑元者，其即无生妙有也，乃自身体用的浑元也。故谓之“精神凝结一团团”，是按道法修炼而得。

动静之为贵自然

精神凝结，听探之良知、顺化之良能皆达到出神入化、通幽至玄的微妙境界。此乃以先天之神为体用的纯正功夫。有此以柔用刚之技术方法，才有下面的“随所往来无阻滞”，以不变应万变之妙用、妙境。

随所往来无阻滞

太极一点子，即以柔用刚之致，必顺随对手攻防之势而来往，在攻防变化往来过程中不顶不丢、不匾不抗，外则无阻碍，内则无滞呆，必能不撄人之力，顺其势，借其力，让力头，打力尾，胜在顷刻间。

任从指点合先天

以灵神浑化清、宁而合一，使灵神、内气、外形三才归一。内而精气神无少缺欠，外而筋骨皮一息坚融，至是则内空灵而外灵便。以柔用刚的顺随为法，施招用手纯任自然，随所往来内无滞呆、外无阻碍，时至此境，与人较技争斗时可任意指点，即随意施招，皆合先天自然之机，非后天人力而为也。

㉓ 手眼身勿滞，敌难知我武。睛光威射人，甫不至于人。

稍疏便有失，此为真起手

手为攻防之门户，手法滞呆，则进不能得门而击，退则闭门不紧反遭打。眼为见性，可审时度势，于动变之间扑捉战机，眼滞神呆则错失良机，反被他人所击。身乃变化之枢，身法不呆不滞，变化无形又无穷。自然眼、手、身、步不滞，则“不疾而速得真宰”。

睛光者，神光也。神光青苍，具威慑之力。与敌较斗，近贴步闪，施招用手，以柔用刚，曲化直发，不能远离对手，远离不利于再攻。古人云：“故善战者，其势险，其节短。”能与敌手周旋，近在咫尺，攻守转换又瞬息万变，非一神观注难以致胜，非神形一片不能为之。故而，修炼太极拳术攻防之道容不得半点疏忽，与人较技必须全力以赴，以求致胜。

㉔大成之法，先须活步身……虽平时空演，亦如见敌一般

武备功夫的大成练法，首先要单操演练步法灵活，方可利于手法的攻防进退；其次要有如龙似虎之身法，才能上用手法之攻防、下用步法之进退。然攻防进退变化之用，乃身法为枢机所致。此乃身法、步法、手法三法合一而致用的功夫。有此三法合一的功夫，能见隙而进、无隙而退，招法攻防变化自如，施招用手不加思索，纯粹有感而应，应无不当。

之所以能有此大成功夫之艺境，正如医学大家孙思邈所论，治病疗疾之道，心欲小胆欲大，方能诊断细微、辨证明确，成竹在胸，组药成方，投之方药与病机丝丝入扣，药到病除。如心粗则诊断不确，组药成方投之则病人不愈，反成坏症，此乃庸医误人。就孙氏所论之精义，用于太极拳术攻防之道已是相当精辟了。只有胆大心小，方能练、体、用达到玄微入妙之境界。

两人相斗勇者胜，即敢于依势而行，如怯敌则未战先败，败

在没有施招用手之胆量。虽然攻防之道皆有一条法则，即在战略上要藐视敌人，但在战术上要重视敌人。虽然胆怯者不战自败，然在战术上轻视敌人，则容易被对手利诱而遭算计。

有胆量实施顺势借力之法，敌方的威猛之势就会遭到抑制，而有利于我的攻击。虚怀若谷则自静，静则无不应，故有虚心则能自如地应对突发变化而无误，方可免去过失。平时自己单操空演，亦如见敌对战一般。此乃“面前无人似有人”的上乘练法，即如同有人与自己喂手、盘较。

这里要问，是“面前无人似有人”的上乘练法好呢，还是现时所流行的打沙袋、木桩的物象法好呢？这个问题，很好解释。“面前无人似有人”乃上乘练法，尤其内功成者，执此法而行，如实战一般。如以沙袋、木桩等物象法，若能不用后天力法，只为物象目标而借用之，亦属良法。由于沙袋、木桩乃死物，故体验不会周全、深刻。自练可以，还要与他人实战操练，此属悟性一般者所为之法。

如以沙袋、木桩等物象法，又以后天之人力而为之，实乃不通太极拳术攻防之道者的盲练、妄练。本是欲妄之念所动，又重力击之，致使听探之良知泯灭，顺化之良能失却，不知以柔用刚之技术方法。此倒行逆施之所为，于攻防之技何补，于强身健体何益？前贤言此为旁门，批得确切。

㉕ 至若因变亦受，逸以待劳，或从之为进退，逆力以为揭献

揭献，存有揭掀的意思。凡势依行，修炼太极拳术攻防之道，如果达到了因变亦能顺之而毫不受力，是逸以待劳的大成艺境，即以听探的良知之静，以待其动，而能胜之。然胜有两法：一是“人刚我柔谓之走，我顺人背谓之黏”，黏走相生、化

打合一的方法。此法引之使进，其不敢不进，其进则跌入深渊；呼之使去，其不敢不去，其去则飞跌而出。二是“逆力以为揭献”的对法。对者，以内气对彼来处，认定准头而去，即于彼劲将发未发之际，我劲已接入彼劲，恰好不先不后，如皮燃火，如泉涌出，方能随手奏效将彼抛飞跌扑。此乃借力打人之法。然此两法的实施，皆是以柔用刚，也有一定的条件。这个条件就是在对手发力之前后，确定自己是施用四两拨千斤还是借力打力，也就是或从之为进退，或逆力以为揭献。就这一点，明代俞大猷已经论述得相当明白。他说：

刚发他力前，柔乘他力后；
彼忙我静待，知拍任君斗。

此歌诀表明，从之以为进退的四两拨千斤方法，用在他力已发之后，则我用柔化之法顺势而发之。逆力以为揭献的借力打人之方法，用在他力刚发之前，则我用刚发之法逆其力而发之。

㉖《易》曰：满损谦益。尤必以有若无、实若虚之心，卑以自居，乃为妥要

满招损，谦受益。无论是做人处事，还是修炼太极拳术攻防之道，这句格言都是至理明言，我们应时时处处遵此而行，方能趋福避祸，最终功成。

如恃艺用强，火气必盛，壮火则伤气。太极拳术攻防之道本中和之道，胜在不武之中。如以艺在身而狂傲逞能，较技之中愤慨之气起，恨怒之戾气生，则不能洞微察变，反被他人利用；或轻率而动，藐视对手，狂傲起于中，呆滞形于外，一样为对手所利用。此即经文所言“若偶或稍漏一心，则愤恨之气便起，是自

取其乱之媒，斯为以艺累身”之精义。

㉗造诣如兹，讵能为所误耶

此句继续论述神拳神明的大成艺境之修炼法。虽能“顺从以为进退，逆力以为揭献”，又能“虚怀若谷，注定圆照之神，寂于觉里”，也能“以有若无、实若虚之心，卑以自居，乃为妥要”，但只此还是不够的。

在攻防实战中，还需要施招用手能达到以假乱真的程度来迷惑对手，做到人不知我，我独知人，因人随变，打人由我。尽管对手攻防机制玄妙灵通，他也战胜不了我。

关于这一点，唐顺之以“所谓惊法者虚，所谓取法者实也。似惊而实取，似取而实惊。虚实之用妙存乎人”来论述。吴殳在《手臂录·枪法微言》中说“我无所能，因敌成体，如水生波，如火作焰”，将大成功夫艺境阐述得淋漓尽致。

太极拳术的攻防实战，无非动静、远近变化之事。静以待敌，动以击敌，放长击远，贴身靠打。对于骄狂傲慢、喜怒无常者，要投其所好，以诱其就范，先攻其心，使骄者骄，狂者狂，傲慢者盛其气，喜怒者使其发极，其必疏于防守，然施招用手，以神击其神为上策，其神伤必索于胆，其败后自然胆战心惊，而又索然不知因何失败。

如携艺投明师、访高友，游历四方，一定要知道“十里不同风”的道理。异地人情的喜好、忌讳，定是多样的，一如地势的平坦、险陡、宽窄之不同。谚云：“在家千日好，出门一刻难。”对此，主要有三条内容可综合运用。第一，知天道阴阳、五行生克造化之理。可知气候之炎热寒凉，风云变化之规律，天气好则行，天气恶则宿，无路途煎熬之苦。第二，知地理则路熟，穿山渡河，进退敏捷而方便。可避毒虫猛兽，又可不致险地、绝地，不处困境。第三，知风土则行宿之计策容易决断，而不犯犹豫。可不误时、不误事，即时可至。

㉘ 止戈之术，可备而弗用，岂可用而无备

武术，历来被认为是止戈之术。

就攻防之道而言，兵家为大，武术为小，然理则一。手战之道亦是止戈之术，具有防身自卫、惩恶扬善的作用，虽能伤人、杀人，然其最高境界是不战而屈人之兵，其次是“必打犯，而不伤人”。

修炼乃谓有备，不练则曰无备，然武备必以攻防之道为尚，莫入旁门、花架子之假修。执此而修者，亦同不修。

㉙ 故天时地利，不若人和，止戈之法，如斯而已

天时不如地利，地利不如人和，人和则无所不利。修炼太极拳术的止戈之法，如斯而已，即求处世为人之道。为人处世之道，就是人和，人和则可止戈。

有武备而又人和，自然无争斗之事发生。然同道之间的切磋较技却是经常存在的，这也是人和的一种表现形式，全在尊贤容众之修为。

㉚ 若禀斯言，行难知易。练身要在练心，愿从此乘为万代遗规，相传以绵绵不息也已

毕坤谦虚而言“虽经中奥蒂或有遗漏”，而笔者认为其对太极拳术入门之修炼、建体、致用，以及攻防艺境之论述，已十分完美了，正如其所言“而剑内奇观已称略备”。后学者果能依此而阅读、修炼，定能功臻大成艺境，济人济世以施展抱负。

“练身要在练心”是不可更改的规矩，则太极拳术的代代传承，自会绵绵不息，永不失真，可造福后学，为无量功德矣。

㉛ 故将其中妙旨变式，备详于后。特为三复致意，识者当勿忽诸尔

如果能克己之欲，舍己之见，依此《浑元剑经》所言修行，定能功成名就。如果将此法式继承传接而代代不失，现在看来，难得其人也，故将其中妙旨及变式，备详于后。特再三致意，此为至宝，有识者当勿忽视之。

由此论可知，前贤恐此学几成绝艺，故笔之于书。如后人有识者得之，即可修炼体认，复能广而传之，可见前贤对后人寄托之厚望。我识此为修炼者的至宝，故而尽力阐释之，以方便今人参照。

卷一

王谱　王宗岳太极拳论

太极拳论

太极者，无极而生，动静之机，阴阳之母也。动之则分，静之则合。无过不及，随屈就伸。[①]人刚我柔，谓之走；我顺人背，谓之粘。[②]动急则急应，动缓则缓随。虽变化万端，而理为一贯。[③]由着熟而渐悟懂劲，由懂劲而阶及神明。然非用力之久，不能豁然贯通焉。[④]

虚领顶劲，气沉丹田，不偏不倚，忽隐忽现。左重则左虚，右重则右杳。仰之则弥高，俯之则弥深。进之则愈长，退之则愈促。一羽不能加，蝇虫不能落。人不知我，我独知人。英雄所向无敌，盖皆由此而及也。[⑤]

斯技旁门甚多，虽势有区别，概不外壮欺弱，慢让快耳。有力打无力，手慢让手快，是皆先天自然之能，非关学力而有为也。察四两拨千斤之句，显非力胜；观耄耋能御众之形，快何能为？[⑥]

立如平准，活似车轮。偏沉则随，双重则滞。每见数年纯功，不能运化者，率皆自为人制，双重之病未悟耳。[⑦]欲避此病，须知阴阳。粘即是走，走即是粘；阴不离阳，阳不离阴；阴阳相济，方为懂劲。懂劲后，愈练愈精，默识揣摩，渐至从心所欲。[⑧]

本是舍己从人，多误舍近求远。所谓差之毫厘，谬之千里，学者不可不详辨焉。是为论。[⑨]

题解

太极，语出《易传·系辞上传》，该书曰：“易有太极，是生两仪。”乾健坤顺，古人云：“健顺合之至，太和一气，道也。万物之通理，名之曰太极。”拳者，攻防技击之术。前贤有“造乎神者，方称为法；化乎一者，始谓之拳”的论说。合而观之，修炼太和一气的攻防技击之道，就是太极拳。这篇《太极拳论》就是对太和一气拳术之修炼、建体、致用及攻防艺境的全面论述，故名曰“太极拳论”。太极拳术攻防之道的修炼者，必须精心研读，细心体认、印证。

注解

① 太极者，无极而生，动静之机，阴阳之母也。动之则分，静之则合。无过不及，随屈就伸

太极，乃无形无象的道所生化，即天地。天地之间，气升液降，升则为动，降则为静，一动一静，遂生阴阳，阴阳互交，万物生育繁衍。此乃天地的由来。以此而喻人身一小天地的内气，柔外刚中，阴阳匹配，以及起落、开合、吞吐、进退、伸缩的攻防机制。

如果以与生俱来的本能听探之良知、顺化之良能立论，则听探所得信息的传递过程为静，信息处理的过程为动静相兼，而指令发出及外形顺化的良能则为动。修炼太极拳者，如何操作这个攻防动静的机体呢？基本的法则就是：驭静以动，动中亦静，动静互为其根；阴收阳发，阴聚阳散，阴阳迭神其用；柔化刚发，以柔用刚，刚柔错综其数。即无过不及，随屈就伸，恰到好处。

② 人刚我柔，谓之走；我顺人背，谓之粘

“一阴一阳是为拳”，说的是自身内劲之阳、外形之阴，是言“体”；“拳打一阴一阳”，说的是人刚我柔、人柔我刚，是言“用”。由此可明，太极拳术攻防之道的体、用有别，故不可混

说。上一句言体，此句言用，条理分明。

运用人刚我柔、人柔我刚的具体方法是：他人以刚势进击，则我以内劲承接住其刚势，柔化我的外形以走之，走化时顺应对手运动的方向，此时万不可有主动改变对手运动方向的意图，只能改变自己，同时在黏连点之后运用内劲之刚势，在其后黏随运行。柔之走化劲势和点后黏随刚势，都要与对手之劲势和力度契合，运行的快慢与对手一致，在劲形两方面做到无过不及，则我愈走愈顺畅，而对手则由主动顺畅走到受击的背势。此乃太极拳术中自身劲形一阴一阳，以及运用于攻防中刚柔之一阴一阳的方法。

黏为刚逼，走为柔化，刚柔虽是二法，实为一点子施出。孙禄堂曾说“太极一点子”，就指此走柔黏刚之一点。一点者，太极也；黏，走者，两仪也。两仪即阴阳、柔刚。因为太极为阴阳之母、动静之枢机，所以传统拳术攻防之道达到黏走相生、化打合一的艺境，方可称为太极拳法。然而，如何才能修炼得功夫上身呢？后文就有明确的方法。

③ 动急则急应，动缓则缓随。虽变化万端，而理为一贯

与人较技，执此“避向击背”黏走相生的法式，如对手动作急速则以急速应之，动作缓慢则以缓慢随之。这就是老子《道德经》中“不敢为天下先”在太极拳术攻防之道上所体现的精义。此即黏走相生、化打合一的太极拳法。从修炼、建体、致用的整体观念来认识，太极拳法体现的是自古传承的内气、外形“二一一二”的宗旨。

虽然太极拳术攻防较技中闪展腾挪、拿打踢摔的招法有万般变化，但是其皆由黏走之法一理而贯穿。然其理法确根植于《易经》“天人合一”的理法中，即天地、万物、诸事皆是健顺合之

至，太和一气之理而贯通之。修炼太极拳术攻防之道，或曰太极拳“法分三修，游历三境，九个阶段，成功一也”的过程，而达到健身技击与功德艺境并行不悖的目的，亦是遵依此理而贯通之，故简曰“理为一贯”。一贯者，始终不易者也。

④ 由着熟而渐悟懂劲，由懂劲而阶及神明。然非用力之久，不能豁然贯通焉

“着”，古拳谱中一作“著”，两者音义均无不同，即现今所说的“招”。着法、著法、招法虽同义，但细分起来还是稍有差异。具体分析如下。

“招”，在古谱中有写作“着”“著”“招”的。写“着”者，取有着落之意，即身体各部位、各种单一的攻防技法出于一个母体之中，而这个母体是这些攻防技法的着落处。写“著”者，有“着”之义，又有招法显明、显出之义。显明者，是说练拳者要清楚地知道招法的练用意义；显出者，是说明招法在攻防变化中突出、显要的位置。写“招”者，同“着”，又有计策、手段的意思，即技战术的统一存在，说明组合的攻防技法蕴含着计谋和手段。综合“着”“著”“招”的解释，可以得出一个结论：招是各种单一攻防技法有机组合之存在，其中蕴含着各种攻防的技法战术。不同的招，则蕴含不同的技法战术。

“由着熟而渐悟懂劲，由懂劲而阶及神明”，此句将太极拳攻防艺境分为“形拳招熟”“气、意拳懂劲”“神拳神明”三层，又名三步功夫艺境。

形拳招熟

形拳招熟，并非指太极拳术套路招法打得熟，而是指在与人攻防较技时各种招法能够见境而生、随机而用的纯熟。其攻防招法之运用乃至妙变化之自出，其身法形式忽高忽低、或左或右，

似进非进、似退非退，进中退、退中进，近而远、远而近，恍惚形如神飞无定。其中有诈诱、诓骗、虚引、惊骇之式，横竖、斜直、奇正之机，以数式合为一式而出，能如此者，谓之形拳招熟的艺境。非身柔若絮、灵活稳准，难以为此也。故形拳招熟的以形击形，身到而乃胜。此为成道的奠基必备阶段，故曰小成。

气、意拳懂劲

攻防招法形随应变，施招用手、施手用招皆从他力取法，要领在身心空灵而手灵妙，动静皆自然，非勉强也。贯彻避向击背的法则，实施以柔用刚的技术方法，使得黏走相生、化打合一的能力由于习惯而成自然。如能潜神依法熟练，自可时至神知。明此而能用之确切，谓之气、意拳懂劲的艺境。故气、意拳懂劲的以气击气，手方动而可畏，此乃成道的递进必经阶段，故曰中成。

神拳神明

（1）三阳艺境。

此时练拳者的攻防功夫艺境，早已从后天真人呼吸法寻得先天真人呼吸处了，即自身的任何一个部位皆可以做出内气的涨渺呼吸之法式，此即真气呼吸法，亦名真气吞吐法。功臻此时，神气圆融，并具备“浑身无处不太极，挨着何处何处发”的自动化攻防机制。德普三光，周身光芒不断，温柔之中八锋锐利。其身法轻灵，往来恰似蜘蛛游网，沾衣如号脉的知人之良知；动变犹如荷叶滚珠，沾衣十八跌的顺发之良能。故而一触即发乃成易事，是真正全体透空的太极之虚灵妙境。此时的内劲景象，即诀言“毛发松弹守三阳”的神拳之初期阶段。

此三阳者，皆太和一气之所用。外则虚化无形以气势为用，故而轻灵如羽。正如诀言“来无影，去无踪，一阵清风倏忽”。

此即太极拳家所说的三功四德境。三功者，三种内在功夫的景象；四德者，四种攻防艺境之表现。三功者：丹田的太极紫金球，一功也；铁布衫、金钟罩，二功也；一气涨渺，三功也。四德者：全体透空的身轻如羽，不受人之力，一德也；太极紫金球的沉势，稳重如山，二德也；铁布衫、金钟罩的来力不入，三德也；一气涨渺的去力无阻，四德也。

上述乃真正的全体透空的太极之虚灵妙境，是神拳神明的第一个攻防艺境阶段。

（2）呼吸一体凌空劲。

凌空劲，乃神拳神明的第二阶段，语出吴图南先生所传《凌空劲歌》，摘录如下：

> 彼此呼吸成一体，牵动往来得自然。
> 此时再学凌空劲，坚持功夫一二年。

由此诀言可知，凌空劲就是自身的健顺合之至，太和一气能够在较技中与对手之拳势彼此成一体的太极艺境。此时表现的凌空劲，就是所谓的中气功夫。其攻防能力又是如何呢？择前贤之论，录之如下：

> 至于中气，能令敌人进不敢进，退不敢退，浑身无力，极其危难。足下如在圆石上站着，不敢乱动，几乎足不动即欲跌倒。此时虽不打敌，敌自心服。（陈鑫《中气与浩然之气、血气辨》）

有此凌空劲的攻防艺境，谓之神拳神明之凌空劲阶段。

（3）神明神化之功，此为功成。

神拳神明艺境具备神化之功的说法，早见于各家谱中。如《浑元剑经·仙脉阐宗》一文中就有“由明溯至于今，数百载以来，克以剑术成道，神化之功曾未闻见也”的记载。观读各家拳谱，有关神拳神明的神化之功，总结而言有三处描写，这都是前贤实实在在的艺境写照，照录以资对照。

以体而言：

放之则弥六合，其大无外，无所不容；卷之则退藏于密，其小无内，无所其入；卷放得其时中，丝毫无差，无不切机。

以用而言：

犹难者，以柔软含蓄坚刚，而不外施。用之应敌，以柔软接坚刚，使坚刚化为无有。神明艺境，化境之极也。（清代杨氏老谱《太极下乘武事解》）

以练而言：

拳术至练虚合道，是将真意化到至虚至无之境，不动之时，内中寂然，空虚无一动其心，至于忽然有不测之事，虽不见不闻而能觉而避之。《中庸》云：至诚之道，可以前知。是此意也。（《拳意述真》）

传统拳术攻防之道修炼至此，以有入无的神拳神明艺境，具备神化之功者，谓之至德全神，德普三光功的无上境，就是神武不杀之艺境。

以上论述，乃王宗岳所说的“由着熟而渐悟懂劲，由懂劲而阶及神明”的含义，充分体现了“然非用力之久，不能豁然贯通焉”这句诀言的道理及修炼过程。用力，乃用功夫的意思，非指用力量。

⑤ 虚领顶劲，气沉丹田，不偏不倚，忽隐忽现。左重则左虚，右重则右杳。仰之则弥高，俯之则弥深。进之则愈长，退之则愈促。一羽不能加，蝇虫不能落。人不知我，我独知人。英雄所向无敌，盖皆由此而及也

虚领顶劲，就是满身轻利，是顶头悬的身法功夫内容。对于顶头悬的描述，历来说法不一。武禹襄在《打手要言》中说：虚领顶劲，气沉丹田，不偏不倚，所谓“尾闾中正神贯顶，满身轻利顶头悬”也。《内功四经》说“上提玉楼”，提玉楼者，即耳后高骨玉楼穴。《形意拳学》说“熊有竖项之力”。王芗斋先生云：“大石压顶之感，乃头直顶竖之功。”

由上可知，对于顶头悬的要求乃拳门各家共有之要点。顶头悬属于身法问题，因为“头统乾之体，乃全身之统领”，现分析如下。习拳者，人身天地乾坤定位，头圆像天，足方似地，腰为人才。腰下落胯溜臀，尾闾前送，劲意达会阴穴；腰上拔背，脊椎节节向上张开，颈椎亦节节向上张开，将劲意送至百会穴。这样，上至百会穴，下至会阴穴，脊背之身弓张开蓄势。百会至会阴穴一轴上下贯穿，乃身弓之弦定。此身弓之预备，必然要做上下、前后的调整，后有脊背张开，上有虚领顶劲，下有尾闾中正，再配合前面的收颌、含胸、气贴背。虚胸实腹，沉肩坠肘，屈指坐腕，双手长短报门，疾步坐马，身置前后两腿中间，前足

踩，后足蹬，劲势前三后七，全身之法，初步齐备矣。

上述各家所论，虽皆是顶头悬的练法，但是又未能通解顶头悬之精义。那么习拳者应遵从何法修炼呢？我认为，遵从诸法中任一法习之皆可，但要先明白“顶头悬”三个字的精义，方可修炼而成正确功夫，否则功法错了，久练无功，反而有害。

首先要明白“顶”在这里是指什么？“头”在全身中的作用及“头”字在此三个字中的位置是什么？“悬”的含义为何？什么悬？悬什么？三个字这样排序的意义何在？能否颠倒？这些问题的解答，是明白“顶头悬”含义的关键。明白了这点，再琢磨各家所论，问题自会迎刃而解，顶头悬功夫也就上身了。为了叙述方便，首先从“头”字论起。

头乃诸阳之首，起着全身虚灵动变之领气主导的作用。头不正，则一身不正；头正，则一身自正。《易筋经·贯气诀》说：“头圆像天，为诸阳之首，为聚髓之海，为任督交会之所，统领一身之气，阴阳入扶，全视乎此。此处合则一身之气俱入，此处不合则一身之气俱失。气之结聚落点有一定之处，不可不知。”然头圆，何为正？何处为头之最高点？传统拳术认为是百会穴。

顶：前文论说百会穴为头之顶，为最高点，这是在拳术身法中说的。以百会穴置于头的最上顶点位置，故有“顶头”之说。平常所说的“微收下颌，虚领上顶”或“虚领顶劲”，为将百会穴置于头的最顶端位置的方法，按此法做，才能头正。此处“虚领”的意思，就是放松颈项的肌肉；“顶劲”，就是让颈椎节节向上张开，节节对正，将劲意送到百会穴，而又松静自然，前后连续微调。这样做，才能将百会穴自然地放置到头的最上端位置，则头自正。至于“玉楼上提，下颌自然会微收”“竖项顶劲之功”“虚领顶劲”三者之论，虽文字语言有别，然意思相同。即无力者纯刚之象，出于此法中。

“尾闾中正神贯顶”，此处尾闾是明说，暗指会阴穴。会阴穴，按传统拳术之说法，又名海底、壶底，乃藏精之所。百会穴，由于虚领顶劲而置于头之最高点，头自中正。会阴穴，由于尾闾中正，乃成为小身法的最低中正点。百会、会阴二穴，一阳一阴，上下垂直遥遥相对，表明身弓蓄势已备，则子午垂直中轴线确立。丹田、气海即在此中轴线上，丹田的纯阳之气能上至百会达神舍，下到会阴通精所。内气升至百会，全身轻灵如羽；内气沉聚会阴，全身沉势如山。古拳论认为，全身由一神领起，则无懒骨。由此分析可知，神贯顶和顶头悬中的“顶”字，是名词头顶之“顶”，非动词顶力之“顶”，那么虚领顶劲、项直顶竖中“顶”字亦是名词。由此可知，内气的神贯顶和外形的顶头悬，皆是松静自然的虚灵功夫，皆属用意，非是用力。

上述所解论明了“顶头”二字的精义，百会穴置于头部顶端位置，表示了头的中正，而关键又在一“悬”字见功夫。

什么是悬？悬什么？有的说“百会要悬”，有的说“身如绳悬”。先不论此中说法对不对，反正此说皆与“顶头悬”三个字之精义毫不相干，毫无可理解之处。

头为诸阳之首，一身之最上位置。头正，则已将百会穴置于头之最顶端，头由颈项与身相连接，由于颈项松静虚领，自然松而不懈、紧而不僵，神能贯顶，颈项自然虚灵，则颈项若有似无，头如悬空而置。此乃“悬”之妙义。（汉语中“悬”字多义。悬挂之“悬”，是借助绳索之类使物体附着某处；而悬浮之“悬”，则是悬空，无所依倚的意思。在此提及，并非咬文嚼字，因为细细体会，两者确实是有区别的。正因为有此区别，方见“悬”在拳术中之本义。）头虽悬，却有不力自力之妙，此为真，即顶头悬的真功夫。

由此可知，“顶头悬”三个字，一字有一层的意思，三个字合起来方是完整的顶头悬之精义，自含将百会穴置于头之最顶端位置的正头之法，头中正，则一身自正。头中正，尚需要颈项虚灵，头如悬空而置。其一，便于内气上下运行，以领全身之拳势；其二，重要的是较技攻防变化中，颈项虚灵，头悬空而置，头不动，保证眼神视敌之变化，身法自能左右旋转，变动敏捷，正所谓“头端面正眼勿闲”。只有头悬如此，方有身法横竖奇正任意变化。关于这一点，《拳经拳法备要》中有明确论述：“头如顶千钧，颈如搬树转，下颏如龙戏珠而挺出。”讲的就是顶头悬的功用。《十三势行功歌诀》的“满身轻利顶头悬”还有更深刻的含义。初习拳者练功时，虚领顶劲也好，玉楼上提也好，项直顶竖也好，都是要先完成百会穴置于头之最上端，做到了，便表明头已中正了，但全身的僵拙之力未退净，尚不能做到满身轻利，故不会达到顶头悬的艺境。当能做到满身轻灵便利时，全身的僵拙之力几乎退净，自然会达到头在颈项上悬空而置的境界，此时自然全体透空，无一丝杂气掺入其中，已然进入上乘艺境。

介绍一法，可用于测知顶头悬功夫正确与否。自身疾步坐马，虚领顶劲做好。让他人双手掌叠放在自己百会穴处，垂直下压加力，自己顶势不塌，只等其下压而自不加力。压者不觉你有上顶之力，只觉压不下去，而你自己身体左右旋转轻灵自如，此时便是做正确了。

修炼太极拳术攻防之道，要达到形拳招熟，气、意拳懂劲，神拳神明各层攻防艺境，首要的就是身法功夫，即习拳先要得身法的要领。王宗岳言简，此处从初炼要求说起。

当场一站，将身置在前后两足中间，三分之一靠后一些，呈现坐势，两腿劲势前三后七或前四后六，功夫渐熟即可阴阳对五，此即人字架的站式。虚胸实腹，气沉丹田，即平心静气。百会虚领，双足踩地，领内气轻灵上升直至百会穴而有上顶之势，下颌微收，畅开十二重楼，是谓虚领顶劲。由百会穴至会阴穴，再至两腿中间，设想为一虚轴，久之自见内有一中轴之景象存焉。此中轴一立，是名安轴定位。有此中轴控制，自身前后左右动静变化则有根底，自然不偏不倚，身法中正安舒。之后再细致地求形用劲，阴阳反蓄，劲形逆从，可至劲形的“阳遁阴使用于攻，阴遁阳使用于守”。

“左重则左虚，右重则右杳。”其一说“体”，即自身手足动转的开合、方圆、虚实变化要做到上下相随，右足落地为实，配以右手上举为虚，同时左手下落为实，配以左足提起为虚。反之亦然。果真能做到自身中正安舒，外形的手足上下相随，动转开合、方圆变化自如，则可有内气、外形相互为用靠吃法的忽隐忽现变化。其二说“用”，自身中正安舒，手足上下相随纯熟，则应以趋避法用之。若对手攻我之左方，则实点在左，我左避而变虚以空之，右则趋之以进击；若对手袭击我右方，则重点在右，而我以右避之法化解，左则趋之以进击。此趋避之法的运用全在虚中之用，即实施“让，中不让”的法则，务使对手劲力失其准绳，使对手捉摸不定，方为妙手。避法非逃跑，乃应随得当之谓也，是黏走之法应用于攻防招法中的效果，是属于“闪开正中定横中”法式范畴内的攻防技法。

如果对手起手仰之引我向上，则我劲意在与彼接触点中，将外形柔化黏连之，在接触点下，一线内劲黏而随之，就是达到最高点位时，我动势尚长而有余，彼动势已短而不足，使其有高不可攀而欲跌摔惊惶之感。如对手俯之引我向下，则我劲意在与彼接触点中，将外形柔化黏连之，在与彼接触点上，一线内劲黏而随之，即使在达到最深点时，我动势尚长而有余，彼动势则短而不足，使其有深不可测唯恐落入深渊的畏惧之感。如对手向我进而击之，我之劲意在接触点中，将自身外形柔化以黏连以引之，在接触点彼方一侧，一线内劲黏而随之，使对手感觉到愈进愈长，有长不可及而欲扑跌的恐惧之感。如对手向其自己方向运动，我之劲意在接触点中，将外形柔化黏连之，在接触点我方一侧，一线内劲黏而随之，随对手之势而进，使对手觉得愈退愈被逼迫不得力，有站立不稳而欲翻跌之惶恐之感。

以上是左右、上下、前后六个方向的运动，皆运用随屈就伸的一点子黏走相生、化打合一的法式。在攻防运动中，我求近舍远，虽不主宰对手，而对手却无时无刻不被我主宰着，我表面上处处被动，实质上被动的是对方。此乃太极拳术攻防之道中施招用手、施手用招的远近说。

王宗岳举了左右、上下、前后六个方向如何运用“人刚我柔谓之走，我顺人背谓之黏”的一点子黏走相生、化打合一法式的例子，说明攻防技法中是如何用近舍远的，如何在被动中求得实质性的主动权的，说明黏走相生的随屈就伸之方法就是太极拳术攻防之道的无为艺境。太极拳术中以弱胜强、以静制动、以小力打大力、无为而无不为、以不变应万变等功夫艺境，在黏走相生、化打合一的方法运使中皆可一目了然。

黏走相生、化打合一的方法，有什么奥妙所在吗？实施随屈就伸的黏走相生、化打合一的方法，自有一羽不能加、蝇虫不能落的不撄人之力，又不受人之力的束缚，自己是自由身，此其一也；由于不撄人之力的随彼运动，时时刻刻能够听探到对手的拳势动向，对意图之快慢、劲势的长短厚薄了如指掌，可对手却不知道我的所做所为，此其二也；英雄所向无敌，皆由于实施随屈就伸的黏走相生、化打合一的方法，此其三也。

⑥ 斯技旁门甚多，虽势有区别，概不外壮欺弱，慢让快耳。有力打无力，手慢让手快，是皆先天自然之能，非关学力而有为也。察四两拨千斤之句，显非力胜；观耄耋能御众之形，快何能为

确实，《内功四经》中说：“拳勇之术，古来不下数十家，曰探马，曰鉴子，曰罗汉，曰佛爷，曰武子，一切可惊可骇之名难以尽述。”《纪效新书》中提及的拳种有宋太祖三十二势长拳、六步拳、猴拳、囮拳、温家七十二行拳、三十六合锁、二十四弃探马、八闪翻、十二知、吕红八下、绵张短打、巴子拳棍、山东李半天之腿、鹰爪王之拿、千跌张之跌、张伯敬之打等。流传到现在，南北门派拳种合计之数，难以完全统计清楚。

前文皆从正面阐述太极拳术攻防之道的理法、形意体用之真谛，此段又从正反两方面做一对比，以说明太极拳术的修炼是无为法。

此段首先说明拳术攻防之道的修炼技艺、功夫，历来旁门左道甚多。这是王宗岳所处年代习拳练武风气的一种真实写照。所谓旁门左道，指武练、横练、糊涂练法，皆属于有为法。

传统拳术各门派、各拳种，都有“内炼一口气，外炼筋骨皮”的内劲修炼方法，都是以悟空、炼空、用空为宗旨的。但是，传统拳术各门派、各拳种的修炼之人或不得师传或不求懂劲，停留在初期的形拳招熟阶段，不采用顺随为法，稍有不慎，又追求力大、快速、强壮，运用武练、横练法修炼武事之用，即可能流入旁门左道之有为法中，而不能修得“文体成，武用精”的神拳神明艺境。是以使太极拳门中之人也不例外。由上可知，旁门左

道，是以不按“健顺合之至，太和一气也，道也”的正道修炼而言的。

先物而为的妄作，名之曰有为；不先物而为，名之曰无为。这是老子在《道德经》中所确立的哲学概念，后学皆遵之而用，太极拳家亦不例外。太极拳术攻防之道的修炼就是遵从不先物而为的无为法，才能达到因物之所为，“无不为”之应用能力，即“意气君来骨肉臣”的修炼法则，无争为争，以静制动的技战术策略。

“察四两拨千斤之句，显非力胜”，是告诉习拳者，较技时能四两拨千斤，显然不是力量大、速度快的效果，而是攻防技术、技巧的写照，充分体现了太极拳术攻防之道以静制动的弱胜强、近打远、力小打力大、慢胜快的功夫。拳诀“掤捋挤按须认真，上下相随人难侵。任他巨力来打我，牵动四两拨千斤”，形象地概括了太极拳术攻防之道的理、法、术、功之修炼与运用的精髓，可见前贤见解之精辟。

看看白发老人在面对众人围攻时的神态，自在从容、心清气静，挨着何处何处发，此皆是随屈就伸、顺势借力的无为法式，顷刻间能使众人跌的跌、倾的倾、倒的倒、爬的爬。这样的效果，一个老年人只凭招法用得快，如何能够做到呢？

⑦ 立如平准，活似车轮。偏沉则随，双重则滞。每见数年纯功，不能运化者，率皆自为人制，双重之病未悟耳

平准：天平，比喻身法安轴定位，以虚中为总枢，立身中正安舒，动变平衡，才能称物之轻重准确无误。此身法功夫简称为“平准”。

双重：内气、外形阴阳匹配如一，阳顺阴逆为基本法则。如果在修炼、建体、致用中破坏了顺逆匹配法则而动，就是重阴重

阳的双重之病。凡犯双重之病者，行动变化皆滞慢。双重之病有九种，详细内容观读杨谱《太极轻重浮沉解》一文。

平时修炼或攻防较技时，立身中正安舒，松静自然，形虚气运，气沉丹田，虚胸实腹，自身犹如一架天平，乃因百会虚灵顶劲。形用半，劲用对五，阴阳逆从，劲形反蓄，中土不离位，手足上下相随，水平四象运转，一气九节贯穿，一神虚灵不昧，内外周身一家，运转动变犹如车轮一般。以此身法与人粘连黏随，偏沉于己，柔以走化之，偏沉于彼，刚以黏逼之，攻防皆在黏走之中运作。此就是人刚我柔，人柔我刚，始终贯彻粘连黏随的“一阴一阳是为拳”和“拳打一阴一阳”准则。如果犯了顶、匾、丢、抗的双重之病，则自身滞而动转变化不灵，是为病。每见有人修炼太极拳术攻防之道已经有数年的纯熟功夫了，却不能运使于攻防变化之中，与人试手较技时不能制人，反而被人所制，究其根本原因，此乃双重之病未悟透。如何克服双重之病，这是修炼太极拳术攻防之道至关重要的、需要精心研究的课题之一。

简言之，太极拳术攻防之道中，外形有虚实开合的上下相随为法，得此，外形的虚实动变功夫纯熟，可不犯双浮、双重之病；内劲以丹田、气海为中枢，外发走身体阳面、内收走身体阴面，得此，内劲的动变功夫纯熟，可不犯双重之病。内劲与外形匹配合一，劲势明白，自可保证自身内外阴阳动变平衡，可不犯双重之病；任何攻防招法的实施，除保证上面劲形的法则外，还要保证在中土不离位的基础上运使，则自身内外均不犯双重之病；于攻防较技时持守顺随的人刚我柔、人柔我刚的法则，便可不犯双重之病。顺随为法，能做到随屈就伸，不丢不顶，才能讨到黏走相生之消息，才能及时化打合一以胜之，这是真功夫。知此者，谓之明太极拳术攻防之道的行家里手。

⑧ 欲避此病，须知阴阳。粘即是走，走即是粘；阴不离阳，阳不离阴；阴阳相济，方为懂劲。懂劲后，愈练愈精，默识揣摩，渐至从心所欲

修炼太极拳术攻防之道，要想从根本上避免双重之病的发生，必须要知道阴阳所指。此阴阳首先指“一阴一阳是为拳”的自身功夫之体，其次又指“拳打一阴一阳”的攻防之用。由此可知，避免双重之病要从自身体、用两方面找原因。

首先要知道自身体内最大的一对阴阳是指什么。一阴者，外形也，要将外形的上下相随功夫做得正确；一阳者，内劲也，内劲有升、降、涨、渺四象之用法，要清楚劲道阴收阳发。内劲、外形匹配如一，阴阳逆从，劲形反蓄，要做得精确，此乃产生自身弹簧效应的真功夫，即太极拳术中“形开劲合，形升劲降；形合劲开，形降劲升”的法式。自身能做得极为准确，则自身的劲形阴阳相济的功夫备矣！

再知道攻防较技时阴阳所指。攻防较技的根本法则是“阳发阴收，柔化刚发；人刚我柔，人柔我刚”，依此而用，是得阳刚阴柔相济的功夫。具体地说，“黏即是走，走即是黏”，走为阴形柔化，黏乃阳劲刚发。在搭手或身体其他部位的接触点上，亦都体现出劲形合一，即阴形借助于内劲，得以柔曲走化，不离阳劲黏逼，阳劲借助于外形，得以刚直黏逼，不离阴形走化。只有做到自身劲形匹配，逆从合一，在与他人较技时运用随屈就伸、柔曲走化、黏走相生的法式，方为太极拳术的懂劲，方可得到阴阳相济的功夫艺境，才能从根本上避免双重之病的发生。艺境达此，可谓大成。正如老子所讲：“保此道者，不欲盈。夫唯不盈，故能蔽不新成。”

⑨ 本是舍己从人，多误舍近求远。所谓差之毫厘，谬之千

里，学者不可不详辨焉。是为论

修炼太极拳术攻防之道者，本应遵从以神为主、以气为充、形从而利的“意气君来骨肉臣”之宗旨，遵从先建体，再求致用的修炼顺序，清楚明白地认识到听探之良知、顺化之良能是与生俱来的自身天然动静之机，以顺随的“人刚我柔谓之走，我顺人背谓之黏”的黏走相生、化打合一为法，循序渐进如法修炼必然功成艺就，脱凡俗而入圣境。然有些太极拳术的修炼者不投明师、不读经论、不明理法，反而追求以形为主、尚气用力、神从则害的“努筋突骨，尚血气用横力”之武练、横练方法，甚至糊涂练法，自认为直接拼力操练攻防技法而能求得攻防技能，练用时盲目追求力量和速度，致使攻防功夫未得，反而招致百病之身。凡此，皆谓之“差之毫厘，谬之千里”者也。文中“斯技旁门甚多，虽势有区别，概不外壮欺弱，慢让快耳。有力打无力，手慢让手快，是皆先天自然之能，非关学力而有为也”这段论述，就是说明按此修炼太极拳皆是“差之毫厘，谬之千里”者。

修炼太极拳术攻防之道者，欲求拳术真谛，获得功夫，于此细节处不可不分辨清楚，以免误入歧途。故而，为论述清楚，以成此文，以阐明太极拳术修炼、建体、致用及攻防艺境的真谛。

太极拳释名

太极拳，一名长拳，又名十三势。

长拳者，如长江大海，滔滔不绝也。[①]十三势者，掤、捋、挤、按、採、挒、肘、靠，进、退、顾、盼、定也。

掤、捋、挤、按，即坎、离、震、兑，四正方也；採、挒、肘、靠，即乾、坤、艮、巽，四斜角也。此八卦也。[②]进步、退步、左顾、右盼、中定，即金、木、水、火、土也。此五行也。[③]合而言之，曰十三势。[④]

题解

此题说明太极拳一名长拳，其势如长江大海，滔滔不绝。又名十三势。因其中含有掤、捋、挤、按、採、挒、肘、靠之八法（又名八门劲别、八门），进、退、顾、盼、定之五步（又名五行、五门），故太极拳又称五行八法、五门八法、八门五步拳等。因其遵从《易经》的“健顺合之至，太和一气”的太极理法，故合之名为“太极十三势”。

注解

① 长拳者，如长江大海，滔滔不绝也

此长拳，乃指练者与他人较技时的拳势一气贯串，绵连不断，滔滔不绝，势如长河。然传统拳术的长拳与短打尚有数种用法的精义，又不可不知，试论之如下。

长拳与短打非指门派、拳种

首先要认识清楚，长拳、短打不是门派、拳种的划分。也就是说，不能说哪个门派、拳种是长拳或短打，而是各门派、拳种都具有长拳、短打的招式。

套路编排

传统拳术在演练套路的编排上有长有短。长拳者，一个套路就有 72 式、81 式，或 108 式、128 式之多，套路编排的拳式多，演练起来时间就长。短打者，比如一个套路共 8 式，甚或一式一练，其所体现出来的是一式一打，演练起来时间短。少林长拳有 108 式之多，但如果分节操练，每节也只有 6 式，自然又变成短打套路了。短打如八闪翻，只有 8 式，但将八手的分节连续起来操练，也可成为 64 式的长拳。由此看来，套路编排的长拳、短打是可以互相转变的。

拳式站架之手法

传统拳术各门派、拳种，对于抱门亮架之双手置放，基本运用一致。前手多为长拳手，如推石柱，后手多为短打手，如扯拗马。动变起来，双手自然收发，长短互换以为用。此乃双手的长拳手、短打手之说法。

柔行气、刚落点

传统拳术在攻防转换过程中，柔行气的过程为长拳，如“长江大海，滔滔不绝也”，此乃势之长也，自然无断而生生不已，而刚落点为短打，触之即发，此乃势之短也。长拳变化之势中蕴藏瞬间短打的发放之势。

长拳、短打互用

传统拳术皆有拳打脚踢的长拳打法和贴身靠打的短打拳法。长拳打法，如放长击远法，短打拳法，如贴身靠打的“挨着何处何处发”。

长拳打法，是初期修炼太极拳者练习施招先求开展的方法，可达到放长击远的效果。不管是运用手法时还是运用腿法时，前脚尖不越过对手的前脚尖，攻防招法大开大合，不管如何进退闪展、吞吐伸缩，皆遵从此法。同时自己变化亦遵“以不动之腰脊，摧动动之手足”的法式。这样的打法称为长拳打法。

短打拳法，是继长拳打法功夫纯熟后进阶紧凑的方法。不管是运用手法时还是运用腿法时，前脚套插在对方前脚之后，进而方便实施肘击、膝击、肩胯之靠打，攻防招法紧凑圆活，不管如何进退闪展、吞吐伸缩，皆遵从此法。同时自己变化依然遵从“以不动之腰脊，摧动动之手足”的法式。这样的打法称为短打拳法。

> 问曰：短打胜长拳，何也？
> 答曰：短兵易入。
> 长来短接易入身，入身跌拨好惊人。
> 里裹打开左右角，外裹打入窝里寻。

此问答歌诀明确地论述了短打拳法能胜长拳打法的机制，并阐明短打拳法的优势。其优势的关键在哪里呢？长拳打法不易摧跌翻人，而短打拳法能入身将人摔翻在地。长拳打法的放长击远使自身内部虚空较大，短打接手容易进身实施招法以胜人，贯彻了避实击虚的攻防策略。

② 掤、捋、挤、按，即坎、离、震、兑，四正方也；採、挒、肘、靠，即乾、坤、艮、巽，四斜角也。此八卦也

掤

此是内气、外形匹配合一而形成的一种不软不硬，能够不即不离的无尺寸之劲势。此劲势与顶头悬的劲势相同，修炼者会

了顶头悬的功夫，再理解掤劲法式就容易多了。掤劲具有触处成圆、不丢不顶之走化的功能，故“十八在诀”中说“掤在两臂”。这里所说的不是两臂之形的圆撑，而是两臂之劲势的圆满。经云：“至疾至迅，缠绕回旋。离形得似，何非月圆；精练已极，极小亦圈。”此歌诀中“离形得似，何非月圆”就指明了掤劲在于两臂之劲势，非在于两臂如月圆之形。况且，掤劲在周身皆备，并非单独两臂具备，这是理解掤劲的关键所在。掤劲，既可势重如山，即彼有力，我亦有力，我力在先，亦可轻灵如羽，即彼无力，我亦无力，我意仍在先。由掤劲可以顺势转化为捋、挤、按、採、挒、肘、靠等诸劲法式，有掤劲为先锋，才得以有进、退、顾、盼、定等诸步法式的变化运用。故太极拳十三势中掤劲为练用的第一法式，即根于此。

捋

“十八在诀”中说“捋在掌中”，充分说明捋法是双手、单手的顺势捋带之法式。其基本法式是将对手向自身之左、右侧后方的捋带。

挤

“十八在诀”中说“挤在手背”。挤法，是一种挤他虚实的“问”的技术方法，又是发放攻击制胜的技法，是一种紧逼不舍的侵凌法式。挤法，不单用在手背，劲势圆满者，浑身触敌之处皆可运用，以“问”彼之虚实或运用挤法胜之。

按

“十八在诀”中说“按在腰攻”。如在推手过程中，双手按住对手的腕与肘，而劲意却是按住了对方的后脚跟，再用腰顶的功夫向前送过身躯，以重击中，彼必翻跌。但是，在腰顶攻击的过程中，按住对方后脚跟的劲意不能有丝毫游移离位，方能奏效。

这是运用按法劲势的秘诀窍要。

採

“十八在诀”中说“採在十指”，说明採劲是运用手指功夫的技法。拳法中採、摘技法不分，上用摘法，下用採法。採法，就是运用手指的合劲顺势往下带对方的手臂以制胜。但是，採法运用的是惊弹的劲势，劲发突然短促而激烈迅猛。劲势轻灵者，可使对手立扑于地；劲势沉重者，可使对手脑中一片空白，甚或造成脑震荡等。故此法不可轻试，谨记。

挒

“十八在诀”中说“挒在展肱”。肱骨，即大臂骨。挒法的运用关键是展开肱骨，其劲势突然爆发，方向是对手身之左右侧，即运用自己的手或小臂瞬间挒开对手的手臂，造成对手失势或落败。挒法亦可采用弹抖的劲势，击打对方的曲池、中府、云门、期门等穴，即可放翻对手。不会伤害对方，因为这些部位受到攻击时对手是无法出力反抗的。挒法和捋法是相互照应的手法，常先后配合连续而用。

肘

“十八在诀”中说“肘在屈使”。这里有两个攻防技术：一是屈肘，即用肘攻击的技法，俗称肘法；一是肘劲的法式，不用肘部直接击打，而是运用肘的劲势攻防作用以制胜。如对手制住我的手腕，我不惊扰对方，而运用肘部的屈伸，意在肘劲的顺从或逆力都可以取得胜势。这就是八法、八劲、八势中为什么独此势用身体之名“肘”命名的道理。

靠

“十八在诀”中说“靠在肩胸”。靠法是运用肩、胯、胸、背等身体部位的攻防技法，用的是崩炸、抖擞的劲势，是自己重心位移以重击中的法式。故靠法的攻防威力在八法中是最大的，其攻防技法、劲势的运用也是最难实施的。靠法主要运用肩胸部位，实亦含背、肋、腹、胯、臀等诸部位在内，有六靠十八跌的说法，大意录之如下。

六靠者，雄靠、威靠、裹靠、舂（冲）靠、挨靠、伏靠也。

十八跌者，有雄靠三跌，分为顺子投井、右千斤坠、靠山坐子；有威靠三跌，分为霸王上弓、钟馗抹额、井拦倒挂；有裹靠三跌，分为搜山骗马、苏秦背剑、双推亮槅；有舂靠三跌，分为横推八马倒、倒拽九牛回、黄龙三转身；有挨靠三跌，分为猛虎翻身、秦王倒槊碑、鹞子穿林；有伏靠三跌，分为饿虎扑食、抽梁换柱、仙人过桥。

拳谱虽称六靠，然招有左右之分，势有正侧之别，简而言之，根本之法仅三靠而已。雄靠、威靠都是管脚（别腿）靠跌；裹靠、舂靠皆为撞打靠跌；挨靠、伏靠则均属擒足靠跌。其余诸法，皆为应用之变化也。

③ 进步、退步、左顾、右盼、中定，即金、木、水、火、土也。此五行也

进

“十八在诀”中说“进在云手”。云手式，是上撩入门、左右拨手的进攻招式，然重点在起手进步上，故而说“进在云手”。实际上，任何攻防招式都存在进退的运用法式，不独云手。用云手的起手顺缠、接手逆缠劲势，关键在手足的上下相随、四象动变法则的修炼，即手起足要落、手落足要起、足落手要起、足起手要落的虚实法则。如此实施，方称为手足相随，否则便是病拳。

退

“十八在诀”中说“退在转肱”。转肱，指倒卷肱，亦名倒撵

猴。此乃双手逆缠的法式，形成退步攻防，亦遵上下相随的原则。

顾

“十八在诀”中说“顾在三前”。顾，照顾到的意思。三前，指眼前、手前、脚前。顾在三前，意思就是：要随时照顾好眼前，眼清明则能察对手之攻防变化的机势；照顾好手前，则手法攻防线路清楚明白；照顾好脚前，则步法进退清楚、到位。顾好三前者，则施手用招、施招用手的攻防容易致效。拳诀“打即顾、顾即打，发手便是”，说的就是照顾好三前的攻防，同时体现了拳法的效果，亦体现出有备无患、先为不可胜的积极作用。以成拳之理而论，则为左顾。此“左”者，非左右之“左”，乃兵法中“偏将在左”之“左”，是左为阳、为明、为外、为易知的意思。

盼

“十八在诀”中说“盼在七星”。盼者，心观者为盼，为静待。七星，是就已、彼双方之头，左右之手、肩、肘、胯、膝、踝的攻防之点位而言的。以成拳之理而论，则为右盼。此“右”者，非左右之“右”，乃兵法中“主将处右”之“右”，是右为阴、为暗、为内、为难知的意思。故“左顾右盼”就是外顾内盼的意思。

定

“十八在诀”中说“定在有隙”。施招用手、施手用招，必须寻得对手失于防守的所在而攻击，才能有效。此是避实击虚的技战术的基本法则。诀言“逢中必定”，说明要以中用定才能更好地以定用手，否则虽能以定用手，但未必能够用必打犯以胜之，甚或有资敌取败、求荣反辱之不良后果。

以上所言的十三势内容，是37式太极拳在练用中的基本法式。37式太极拳的每一式攻防动变中都存在着这十三势的内容，只是各势体现的先后、众寡、侧重隐显不同而已。此十三势的每势之法，都要单操精熟；再结合 37 式拳法，将每式拳法中十三势之技法内容单操精熟；再以融化之法，将 37 式拳法幻化为十三势攻防技法以为用。此乃从有招有式化解为无招无式以为用的妙法。这就是太极十三势的意义所在，也是太极拳“十三总势”之叫法的根本缘由。

八卦八方八势图示

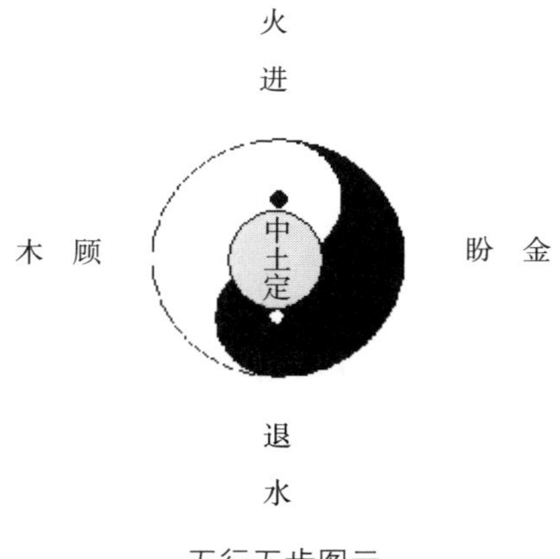

五行五步图示

④ 合而言之，曰十三势

八势、五步合而观之，谓之十三势。此乃十三势之说法的由来。

太极拳十三势歌诀

十三总势莫轻视，命意源头在腰隙。
变转虚实须留意，气遍身躯不稍滞。[①]
静中触动动犹静，因敌变化示神奇。[②]
势势存心揆用意，得来不觉费功夫。[③]
刻刻留心在腰间，腹内松静气腾然。[④]
尾闾中正神贯顶，满身轻利顶头悬。
仔细留心向推求，屈伸开合听自由。[⑤]
入门引路须口授，功夫无息法自修。[⑥]
若言体用何为准？意气君来骨肉臣。[⑦]
详推用意终何在？益寿延年不老春！[⑧]
歌兮歌兮百卌字，字字真切义无遗。[⑨]
若不向此推求去，枉费功夫贻叹息。[⑩]

题解

《太极拳十三势歌诀》，一名《十三势行功歌诀》。十三势者，包括八种身法、五种步法。一般将掤、捋、挤、按、採、挒、肘、靠，称为八劲势，进、退、顾、盼、定，称为五步，两者合之，称为十三势。也有说掤捋、挤按、採挒、肘靠、进退、顾盼、定（中）为六法半的，又有正隅、虚实、收放、吞吐、刚柔、单双、重（轻）为六法半，此两个六法半合称为十三法。由此十三法演化出的攻防拳势，称为十三势。

以阴阳法则来看拳势，就出现了掤中有捋，挤中有按，採中有挒，肘中有靠，进中有退，顾中有盼，定（中）分重轻，正中有隅，虚中有实，收中有放，吞中有吐，刚中有柔，单中有双，重（轻）里显定（中）。反之亦然。

逢中必定分轻重，故定（中）、轻（重）这两个半法能说明一势之公用法则的性质，故立为一势而论。这就是太极拳十三势说法的由来。例如，吞吐法，或吞中有吐，或吐中有吞，皆是逢中必定，定必用中。然吞吐之势或轻或重（沉），皆可见景生情而用之。同理，挤按法，或挤中有按，或按中有挤，亦皆是逢中必定，定必用中。然挤按之势或轻或重（沉），皆可见景生情而用之。

注解

① 十三总势莫轻视，命意源头在腰隙。变转虚实须留意，气遍身躯不稍滞

这一句提纲挈领的论述，首要强调太极拳十三势得以致用的攻防机制之总机枢在腰隙，即完成攻防使命而又能取得胜利的关键就在腰的刚柔虚实变化中。有关这一点，前贤多有论述，如"腰之松懈，一身无功"，即腰为一身上下内劲、外形攻防动静变化之枢机。防守、攻击、转化三方面的质量好坏，决定着攻防的胜负。有关于腰的功夫论述，录之于下。

> 身之枢轴者腰也，腰要灵活圆熟，直鞭坚固。况力皆从腰出，气亦由腰所运，一屈则气阻力闭，上下不能相通矣。（《拳经拳法备要·周身秘诀十二项》）

此论中说明，腰的功夫必须具备两项内容，一是柔化的圆

通灵活，一是刚发的鞭直坚固。也就是说，既要具备柔行气的功能，又要具备刚发气的功能，以及刚柔相互转化的功能，合计三项功能。对于腰顶而言，自然就有顶气和顶形，以及气形同顶的三项功能了。

腰为一身外形上下相随、攻防动变之中枢机要处，简称“中枢”，又名“根珠”。腰的左右虚实，决定着左右手足上下相随之动变。故腰实者为顶之用法，腰虚者为化之用法，此亦是一体之中见二法的运用。一腰同时可见虚、实之二用，此乃腰顶之运用的根本精义。

综上，腰有刚、柔两种运用法式：柔化时，腰要圆活灵通，可有万拳招法攻防变化；刚发时，腰要鞭直坚固，可助拳势的发放威力。

> 紧要全在胸中、腰间运化，不在外面。力从人借，气（机）由脊（己）发。胡能气由脊发？气向下沉，由两肩收于脊骨，注于腰间，此气之由上而下也，谓之合；由腰形于脊骨，布于两膊，施于手指，此气之由下而上也，谓之开。合便是收，开即是放。能懂得开合，便知阴阳。（清代李亦畬《太极拳论·五字诀》）

太极拳讲究运气在腰脉一条，上文中“气之由下而上也”之开法，乃腰顶气上行的发放之运用。

> 由屈伸动静，见入则开，遇出则合；看来则降，就去则升。夫而后才为真及神明矣！（清代《杨氏传钞老谱·懂劲先后论》）

此段论述内气、外形相互为用之腰顶功夫。“见人则开，遇出则合”，是指外形运用之法式；“看来则降，就去则升”，乃论内气运用之法式。“见人则开”“看来则降”，就是说对手进击逼来，我在外形为开式，而内气看其来势则降至腰间，而腰之外形自有前顶之势。“遇出则合”“就去则升”，是说对手先前逼迫没有功效，然后必定引领而退走，我在外形改为合式，而内气看其去则由腰间形于脊骨、布于两膊，施于手指。

杨谱之中有身形腰顶歌诀的原因，正是其对腰顶功夫认知的深刻。

身形腰顶

拳法枢机妙无形，无形枢机自当熟。
身形腰顶岂可无，缺一何必费功夫？
腰顶穷研生不已，身形顺我自伸舒。
舍此真理终何极？十年数载亦糊涂。

（清代《杨氏传钞老谱·身形腰顶》）

此歌诀着重指出腰顶功夫乃身法中不可或缺之项目，如果缺少腰顶功夫中任何一项内容，是为未得真传秘诀，这时又何必再徒费功夫修炼呢，终是无正果的。歌诀中“腰顶穷研生不已”，将腰顶的攻防功能概括殆尽了。形顶者，腰送手足的过身法，乃腰进之法。劲顶者，内劲从腰至背、肩、肘、手之上行，谓之上顶；内劲从腰至臀胯、大腿、膝、小腿、足踝之下行，谓之下顶。顶者，开势的助推之催势也。得此法式者，腰顶之功法入门矣。

如何修炼腰顶的功夫呢？现录“站桩歌诀”，并分析如下。

对待用功法守中土（俗名“站樁”）

定之方中足有根，先明四正进退身。
掤捋挤按自四手，须费功夫得其真。
身形腰顶皆可以，粘连黏随意气均。
运动知觉来相应，神是君位骨肉臣。
分明火候七十二，天然乃武并乃文。

腰的虚实决定着手足的虚实，故而要留意。不单要留意在腰，还要同时注意内气在周身的运转腾挪，不要出现停止不动、运转涩滞的情况。这样内气、外形虚实相须，一而贯之，动静变化才能流畅自然。

② 静中触动动犹静，因敌变化示神奇

古人言：“兵形象水，水因地而制形，兵因敌而制胜。能与敌变化而取胜者，谓之神。”拳家认为，拳术通兵术，拳法同兵法。拳术中的比武较技亦应顺随此法以胜人者，谓之神拳艺境。

自身虚实相须，内外一而贯之，才能听探清楚，顺势而动以应之。在顺势动变的过程中，外形始终保持静定的行功状态，不断地听探着对方的虚实动静，以便随时调整顺化的内容。这种因敌变化而变化的无为法式，才能真正体现出太极拳法的静以制动、小力打大力的神奇妙用。

太极拳之所以有如此神奇的攻防艺境，是因为其修炼、运用势势都是“意气君来骨肉臣”之法则的体现，即直养自然先天之听探、顺化的能力在神而非人力也。故而，听探之良知、顺化之良能及其相互为用的能力得来都不觉得费工夫了。

③ 势势存心揆用意，得来不觉费功夫

揆者，估量揣测的意思。此处意在说明，修炼拳术攻防招法时，尚意不尚力，再顺随为法，时至神知，最终才能达到神明艺境。

④ 刻刻留心在腰间，腹内松静气腾然

腰为一身外形上下之枢机、内气升降开合之窍要，宜圆通灵活而无滞，鞭直坚固顶劲而不曲。必须要做到肚腹内松静自然，内气才能正常运转，否则肚腹用力而内中僵拙，内气运转失灵，亦会牵扯到腰的枢机功能，使之不能正常发挥。肚腹用力，是初期修炼太极拳者经常出现的病拳现象，故而前贤在歌诀中特别指了出来。这就需要时刻留意腰的上下之中枢作用，腹内松静，内气周身腾挪，身法尾闾中正，神能上贯头顶百会，一神自然领起，满身轻灵利索，而又能做到顶头悬。

⑤ 仔细留心向推求，屈伸开合听自由

“听自由”有两个含义。一是自己练拳时依照拳法的内外伏应之机势，尚意不尚力地循序做去，使神、气、形皆能在“意气君来骨肉臣”的法则下遵照拳式内外规矩自由自在地运行，能做到形不为神之累赘，而势势的劲意承接得天衣无缝。能如此而行者，是谓之由己的功夫。二是与人比武较技时，能做到从人不由己，从人则活，由己则死。从人之法，亦从听探的功夫而来，听探之真切，不为人力之所拘。此正是“功夫无为法自修”的精义。

太极功夫主要有两项基本内容：一是自练时以心使身，身能从心而动静变化，是谓由己；二是与人推手、较技时，虽能由己，但仍是从人为法。此两者都自然而然地做到了，就能屈伸开合听任自由地与人切磋印证攻防功夫了。能达到如此功夫艺境，都是自己留心推演、刻苦用心求得的。

⑥ 入门引路须口授，功夫无息法自修

此句主要说的是“师父领进门，修行在个人”的传授宗旨。习拳练艺，要拜明师，得真诀。要有明师的口传身授，才能正确地入门修炼。口传的秘诀要拆讲透，用身授秘技诸法之精义以佐证，即拆手、盘较种种攻防技法、招式，皆为身授之法。所谓“拜师三年，得法三年”。

“功夫无息法自修”的意义何在？无息者，指“十二时辰不昧主人翁”，即将修炼功夫的意识融入日常生活中，使功夫、技法生活化，才能将功夫、技法养得（体认得）自然而然。正所谓“生活起居不离这个”，就是修炼功夫的自然化、自觉化才能达到运用自动化之艺境。

⑦ 若言体用何为准？意气君来骨肉臣

什么才是衡量一个修炼太极拳者练用功夫的标准呢？很简单的方法就是，看其在攻防较技之中是否实施了“意气君来骨肉臣”的法则。是者，乃真攻防功夫；非者，就不是真正的太极拳术攻防之道。拳势形成的动变法则，就是内主外从，神、意、气、劲、形、中六合一统的“意气君来骨肉臣”。

修炼太极拳分为三层攻防艺境：第一层为法身形之体的形拳招熟的小成阶段；第二层为法身德之体的气、意拳懂劲的中成阶段；第三层为法身道之体的神拳神明的大成阶段。功臻大成阶段，就达到了健身、技击、功德艺境并行不悖的境界。

⑧ 详推用意终何在？益寿延年不老春

修炼太极拳的最终目的及意义何在？很简单的一句话，“益寿延年不老春”就能充分地证明和体现，打拳原为保身之计的习拳观念可以成为现实。在正确理论的指导下，在正确方法的基础上进行修炼，才能实现修炼有道，千万不要妄自修炼而造成百病缠身。

⑨ 歌兮歌兮百卌字，字字真切义无遗

“卌”字，乃“四十”之数的古时写法。全歌诀计七言二十四句，总共 168 个字。最后的七言四句 28 个字，并非技法功夫内容，故而不计算在歌诀字数之内。即此歌诀 140 个字，句句是真诀，字字如珠玑，已将传统拳术攻防之道修炼、建体、致用的内容精义阐发得清清楚楚，无丝毫遗漏了。

⑩ 若不向此推求去，枉费功夫贻叹息

凡修炼传统拳术攻防之道者，如果不是根据以神为主、以气为充、形从则利的“意气君来骨肉臣”的法则进行修炼，而是以形为制，尚血气用横力，则神从则害，终难深造，自会成为终身的遗憾。

打手歌诀[①]（七言六句）

掤捋挤按须认真，上下相随人难进。[②]
任他巨力来打我，牵动四两拨千斤。[③]
引进落空合即出[④]，粘连黏随不丢顶[⑤]。

题解

太极拳学中的打手说，指在与人比武较技中有太极推手和盘拳过手两种较量方式。其中太极推手是打手中的重要内容，一定要遵循推手的特殊规定。盘拳过手是各门通用的比武方式，亦有通用的规定，如点到而已，即“用必打犯，不伤人”的道义。此《打手歌诀》精炼地说明了自我修炼和比武较技的功夫秘诀。

注解

① 打手歌诀

此打手歌诀流传较广。陈鑫的《太极拳著解》一文之后，收有两首七言俚语，其中一首为七言四句，内容与上文《打手歌诀》略同。录之如下，读者可以相互比较。

掤捋挤按须认真，引进落空任人侵。
周身相随敌难进，四两化动八千斤。

② 掤捋挤按须认真，上下相随人难进

掤、捋、挤、按是四正的天盘手法，《太极圈》歌诀中就有

“要用天盘从此觅，久而久之出天然”的说法，可以为证。具体攻防技法的掤在两臂、捋在掌中、挤在手背、按在腰攻，由于运用劲势的部位不同，故而在修炼和运用中需要仔细推求，才能体认到诸法之精髓、悟得诸法之妙谛，方能为己运用。运用掤、捋、挤、按四正天盘手法的关键在于上下相随的功夫。然何谓上下相随？有人说，手动足随、足动手随就是上下相随。此乃不负责任的说法。太极拳对上下相随概念的认识、运用是有硬性规定的。

一日有四象，一年有四象，千古有四象，喻人身外形有四肢，人体四肢的动静变化要以上下相随的四象法则为规矩，才能身法活似车轮，周而复始，实施各种攻防招法。

关于上下相随、外形虚实、动静变化的规矩，在心意拳的《交手法》一文中有记载：“拳不打空起，亦不打空落。手起足要落，足落手要起（手落足要起，足起手要落）。心要占先，意要胜人，身要攻人，步要过人。”一侧手起为虚，则随之配以足落为实，此为上手下足的虚实配合；同时，另一侧的手落为实，配以足起为虚，此亦为上手下足的实虚配合。又，一侧的足落为实，配以手起为虚；另一侧足起为虚，配以手落为实。所谓的相随，就是自身左右手足上下相互的“随实就虚，随虚就实”的四象变化。这样，自身就具有了矩阵形态的攻防机制，有利于避实击虚、方圆动静。

此上下相随的规矩在形意拳门中是以打人如走步来体现的。如运用摆动手臂的原地踏步走就完全可以体认到上下相随的规矩。攻防招法实施之手足虚实匹配的动静变化，与走步时的手足虚实、起落匹配是一样的。不管当时运用什么攻防招式，上下相随的规矩不能破坏，法则不能丢失。

③ 任他巨力来打我，牵动四两拨千斤

太极拳的制胜法式基本上有两种：以定用手的顺从以为进退之四两拨千斤和以重击中的逆力以为揭献之借力打人。何谓“牵动四两拨千斤”？是牵动谁的四两？为什么是四两，而不是其他的数字？分析如下。

四两内劲的存在

太极拳术攻防之道的修炼、建体、致用，遵从内气、外形，健顺参半的宗旨，必须是柔外刚中匹配如一的。这就得出了形用半、劲用对五，阴阳逆从、劲形反蓄，中土常守、中土不离位的基本法式。所谓形用半，就是一身之外形分为左右各半，一半身形用于攻击，另一半身形用于防守。内劲独立于外形，其在身内独立存在而不改，故内劲的运用亦要分为两份，一份用于攻击，一份用于防守。此乃劲用对五的法式，也就是陈鑫在拳谱中所说的“五阴五阳是妙手”。

我们先将自身的左右（右左）攻防之外形视为一个空皮囊，这样，左右（右左）外形中各自存有的六两内劲视为虚，将余下的四两内劲腾挪到左右（右左）的其中一方去，那一方就成了十两的内劲，则为实。虚非无，还有六两内劲；实非满，十两内劲，不足一斤（十六两）之数。有关此自身的虚实，前贤多有论述，今选择一有代表性的论述以为证。

> 实非全然站煞，实中有虚；虚非全然无力，虚中有实。上图举一身而言，虽是虚实之大概，究之周身，无一处无虚实，又离不得此虚实。总要联络不断，以意使气，以气运动。非身子乱挪，手足乱换也。虚实即是开合，走架、打手着着留心，愈练愈精，功弥久，技弥巧尚矣！
>
> （清代李亦畬《太极拳论·虚实图解》，图见卷三）

从上面的分析可知，四两是自己内劲之四两。为什么是四两？这个问题也得到了合理的解决。这就是拳谚“坤为吾母乾为父，太极一气贯来衡”中表达的太极一点子的精义。这太极一点子就是指这四两内劲。这一点子内劲的腾挪存在着两种功能：一是可以保证自身攻防动变的平衡无失，二是可以随时化解对手的攻击之势，同时又攻击对手。

问曰：练法更如何得窍也？
答曰：在会意用力。
筋力人身本不多，在乎用法莫蹉跎。
心在何处力随往，上下一线是金梭。

（《拳经拳法备要·千金秘诀》）

此歌诀中“心在何处力随往，上下一线是金梭”，指的就是此四两内劲的腾挪作用。

为何牵动四两就能拨千斤？

前贤云：“拳者，权也，所以权衡物之轻沉者也。然其理法实根乎太极，而其用不遗乎两拳。两拳者，攻守之两法也。且人之一身，浑身上下左右都是太极，浑身上下左右都是拳，不得以一拳目为拳也。”

关于两拳的攻守之说，如以刚柔法论，无非就是柔化、刚发两法，就是立身中正如平准，动变圆活似车轮，偏沉则随。偏沉于己，柔以化之；偏沉于彼，刚以逼之。然在柔化法中，确有明柔、暗柔两法；在刚发法中，亦有明刚、暗刚两法。刚发也好，柔化也罢，无非就是运用四两内劲的“补泻”作用的结果。

下面再从补泻的方法来认识四两内劲拨千斤的实质。

补泻气力于自己难，补泻气力于人亦难。补自己者，知觉功亏则补，运动功过则泻，所以求诸己不易也。补于人者，气过则补之，力过则泻之，此胜彼败，所由然也。

气过或泻，力过或补，其理虽亦然，其有详夫过补，为之过上加过，遇泻为之缓，他不及，他必更过，仍加过也。

补气泻力于人之法，均为加过于人矣。补气名曰结气法，泻力名曰空力法。

（清代《杨氏传钞老谱·太极补泻气力解》）

此论中“补于人者，气过则补之，力过则泻之，此胜彼败，所由然也”的说法，就是对“牵动四两拨千斤”种种攻防技术的描述。“补于人者”，不管是气过则补还是力过或补，运用的都是四两内劲运行到接触点的刚发法式，不管是明刚法式还是暗刚法式，结果是一样的，即此胜彼败。不管是力过则泻还是气过或泻，运用的都是四两内劲从接触点吞吸运行回到自己身内其他部位的柔化法式，不管是明柔法式还是暗柔法式，结果是一样的，即此胜彼败。这就是陈鑫《太极拳经谱》中所言的攻防功夫境界，录之如下，以资对照。

粘连黏随，会神聚精；运我虚灵，弥加整重；
细腻熨贴，中权后劲。虚拢诈诱，只为一转；
来脉得势，转关何难？实中有虚，人已相参。
虚中有实，孰测机关？不遮不架，不顶不延；
不软不硬，不脱不粘；突如其来，人莫知然。
只觉如风，摧倒跌翻；绝妙灵境，难以言传。
试一形容，手中有权；宜轻则轻，斟酌无偏；

宜重则重，如虎下山；引视彼来，进由我去；
来宜听真，去贵神速；一窥其势，一觇其隙。
有隙可乘，不敢不入；失此机会，恐在难得。
一点灵境，为君指出。

此歌诀中“试一形容，手中有权；宜轻则轻，斟酌无偏；宜重则重，如虎下山”，就是对如何牵动四两内劲以成补泻二法之势的精辟描述。“不遮不架，不顶不延；不软不硬，不脱不粘；突如其来，人莫知然。只觉如风，摧倒跌翻；绝妙灵境，难以言传”，是对“牵动四两拨千斤”之攻防效果的精辟描述。通过以上论述可以发现，太极拳法的要妙所在即遵从无争为争的无为法式。

如以开合法式来看四两内劲的腾挪运用效果，开则以开打之，合则以合打之。其妙在顺随为法，手足无在非转圈之时，即无在非打人之地。吾岂有心打人哉！吾自打吾拳，亦行所无事而已。拳势的开合变化就存在牵动四两内劲，以破解对手的开合之打法。这就是说牵动四两内劲的变化要换得及时。

如上所论，已将何谓牵动四两、为何牵动四两就能拨千斤的攻防机制解释清楚了。那么在传统拳术攻防之道中，到底有几种牵动四两的方法？有几种拨千斤的方法？下面就此简要讨论。

有几种牵动四两的方法？有几种拨千斤的方法？

对于这个问题，初看起来似乎很难论说清楚，但是经过认真分析，不过有两种解释方法：一种是从本门宗技各种基本攻防拳式的认识方法而得出结论，一种是以融、化、发的认识方法而得出结论。这两种认识方法并不矛盾，若我们将两者相互比较运用则会看得更为清楚。

先从本门宗技各种基本攻防拳式的认识方法来解答这个问题。以 37 式太极拳为例，除去起式和收式，只有 36 式。这 36 式中每式的具体手法又不一样，以这 36 式中的攻防手法之总和为基数，乘以 4，再乘以 2，所得之数就是牵动四两的方法和拨千斤的方法总数。为什么要乘以 4，再乘以 2 呢？每个具体攻防手法都有运用明刚、暗刚、明柔、暗柔四法之一的可能，这就是乘以 4 的道理；每个具体攻防手法皆能攻防两用，这就是乘以 2 的道理。当然，这还不算变招、变手的数字在内，亦不包含“浑身无处不太极，挨着何处何处发”的无点不弹簧的数字在内。观此，故有拳学博大精深的感叹。

再从融、化、发的认识方法来看这个问题。如以补泻法来看，就是两法。然而气过则补之、力过则泻之，气过或泻、力过或补，则为四法。如从柔化刚发法来看，亦是两法。然化发于人者，明柔、暗柔，明刚、暗刚亦为四法。这样看来就简单多了，基本上有 4 种牵动四两的方法和 4 种拨千斤的方法。再从方位来看，有左重则左虚右已去，右重则右杳左已去，仰之则弥高，俯之则弥深，进之则逾长，退之则逾促，此共 6 个方位。再以 6 个方位乘以刚柔二法，则有 12 个法式，以应一年十二月之数；乘以刚柔四法，则有 24 个法式，以应一年二十四节气之数。故从基本刚柔法式中可以得出，以这 4 种“牵动四两拨千斤”的法式就可以实施种种攻防招法，达到四两拨千斤以胜人的效果。

④ 引进落空合即出

引者，是我引领对手到挨打的位置；进者，是引领的同时我进入到击敌的有利位置。落空者，一是引领对手的攻势，落到空虚无用之地；一是我进入到对方的防守空虚之地落定，以便攻击对手。合者，是指自己的机势与对手的机势相合之合，即黏走相生、化打合一之避向击背的法式。黏走得丝毫无差、合机合势，只有如此，才能将对方轻易发放跌翻。

⑤ 粘连黏随不丢顶

此处有两解：一是顶头悬的身法态势，不能因为已经将对手跌出而丢掉顶头悬的正确身法。如果此时丢掉，就不能防备对方的突然袭击了。一是运用粘连黏随的技法，不出现丢顶的病拳才是攻防较技的上乘功夫。这两点内容都是非常重要的，尤其是第一点，常是功夫高手粗心大意或骄心傲敌而导致失败的原因。第二点，则是功夫水平低的人常犯的病拳错误。

卷二

武谱　武禹襄太极拳论

十三势行功要解

以心行气[①]，务令沉着，乃能收敛入骨[②]，所谓命意源头在腰隙也。

意气须换得灵，乃有圆活之趣，所谓变转虚实须留意也。

立身中正安舒，支撑八面[③]；行气如九曲珠[④]，无微不到，所谓气遍身躯不稍滞也。

发劲须沉着松静，专注一方[⑤]，所谓静中触动动犹静也。

往复须有折叠，进退须有转换，所谓因敌变化示神奇也。

曲中求直，蓄而后发[⑥]，所谓势势存心揆用意，刻刻留心在腰间也。

精神能提得起[⑦]，则无迟重之虞，所谓腹内松静气腾然也。

虚领顶劲，气沉丹田，不偏不倚，所谓尾闾正中神贯顶[⑧]，满身轻利顶头悬也。

以气运身，务令顺遂[⑨]，乃能便利从心，所谓屈伸开合听自由[⑩]也。

心为令，气为旗，神为主帅，腰为驱使，身躯为用，所谓意气君来骨肉臣也。

题解

此篇文章是专题解释王宗岳“十三势歌诀”行功要诀的。“要解”二字表明只是对“十三势歌诀”内容做简单扼要的解说。若读者能将本篇与“十三势歌诀”对照，再结合太极拳的修炼、建体、致用以及攻防艺境，仔细分析、研究、体认，才能全面领会“十三势歌诀”之精义，以为己用。

注解

① 以心行气

此“心”，指意识活动功能。此“气”，指丹田所修炼成真元之气，即内劲。

② 收敛入骨

指内气收敛入脊骨内。内气由腰上升至两肩为开，由两肩下至腰为合。

③ 立身中正安舒，支撑八面

立身中正安舒，自能八面动转变化，灵通圆活而又不撄人之力，此谓“支撑八面”。这需要有自身的全体透空，有内在八面玲珑的变化能力为基础，方能实施。

④ 行气如九曲珠

行气者，运行内气也。“夫气起于丹田，升于泥丸，降于背，入于肩，流于肘，抵于腕，至十指尖，此气之上贯也。气生丹田，入于两肾间，降于涌泉，此气之下贯也。气随心到，心逐气穿，心能普照，气自周全，久而力自加焉。”（《浑元剑经》）

九者，九个关节也，即腰、脊、颈、肩、肘、腕、胯、膝、踝。一气贯串九节，无微不到，恰如丝线串珠而不散，故曰“九曲珠”。

⑤ 发劲须沉着松静，专注一方

内劲圆活灵通，本无方向，然攻击发放时就有了一定的方向，故发放内劲时专注一方，才能轻松干脆。

⑥ 曲中求直，蓄而后发

外形攻防招法，内劲蓄发变化，内外合一而用，皆不外曲直变化。外形招法由攻击转为防守，内劲由发放转为收蓄，皆是由直发转曲蓄；外形招法由防守转为攻击，内劲由收蓄转为发放，皆是由曲蓄转直发。此处，曲中求直是蓄发转化的关键。在“求”字上下功夫，何处直是指方位，如何直是指方法，直多少是指分寸。从这三项内容分别认识修炼，方能合一而用，以至于无误。此乃论柔化刚发之曲直相变的攻防机制。以柔行气的功夫为先、为主、为根基，才有刚落点的致用功夫，故曰“曲中求直，蓄而后发”。练用先后次序，井然有序。

⑦ 精神能提得起

此处是对“尾闾正中神贯顶，满身轻利顶头悬”的身法规矩而说的。一神领起，浑身无懒骨，才有“腹内松静气腾然”之妙境，才能应机变化，急则急应，缓则缓随，随其屈伸以用势，自然不会出现迟滞、不灵敏的态势了。

⑧ 尾闾正中神贯顶

此句中的“正中”，与王宗岳“十三势歌诀”中“中正”的说法，并无异议。然细分的话，中则必正，正而不必中。故笔者在论述此问题时惯用“中正”，而不用“正中”。

⑨ 以气运身，务令顺遂

气者，内气也；身者，外形也。在自练时，以内气运行周身，气之动静，则形随之而动静。与人较技时，亦是以内气运行周身，拳势必随彼之动静而动静，然自身内仍是气之动静，则形随之而动静。这就是“意气君来骨肉臣”的练用宗旨。如果真能做到气随心到，心逐气穿，心能普照，气自周全，久之则能力自加。其式如行云流水，无停无滞，瞬息存养，动静清轻而灵，入手神妙，可以进退如意，形无定门，非斜非横，忽高忽蹲。功夫到此，可谓通真矣！

⑩ 屈伸开合听自由

太极拳法是运用无为法，即以听探之良知，运用顺化之良能，在顺化中亦随时随处听探着对手的动静、刚柔、虚实态势，以不断调整自己顺化的态势而达到制胜目的。所谓听自由，就是达到随其所变，而至随心所欲的艺境。

释解

此文需要反看，才能得其精妙之所在。现在论述如下。

太极拳练用的基本法则就是“意气君来骨肉臣”。其主要内容就是：以心行令，以气为旗帜，神为主帅，步为催动，腰为驱使，形体为用。这是太极拳“以神为主，以气为充，形从则利”的内家拳法基本法则。只有遵此法则行修炼、建体、致用，才能达到“屈伸开合听自由”。

要想“屈伸开合听自由”，就必须做到：自练时以心使气，以气运身，身能顺随内气而运作，谓之由己；对待时，既能做到由己，又能顺随对方之拳势以自由施招。即必须做到身法的“尾闾正中神贯顶，满身轻利顶头悬”。

所谓“尾闾正中神贯顶，满身轻利顶头悬”，就是上有虚领顶劲的一神领起，下有气沉丹田的以德润身。这样立身如平准，才能中正安舒、不偏不倚，方具备称量对方轻沉的功能，即能对偏于己者柔以化之，对偏于彼者刚以发之。究其原因，是“腹内松静气腾然”的缘故。

为何“腹内松静气腾然”会有如此妙用呢？因为精神能提得起，一神朗照巅顶，烛明独照，故而内气运使、外形顺随他人之拳势就不会有迟慢滞重的现象。再深入地认识，则在“势势存心揆用意，刻刻留心在腰间”。

“势势存心揆用意，刻刻留心在腰间”的精义又为何呢？施招用手、施手用招的十三势中，势势都存在着攻防机制的“曲中求直，蓄而后发”。如何才能更好地发挥“曲中求直，蓄而后发”的机制呢？必须要做到自己的施招用手、施手用招能够“因敌变化示神奇”。

何谓“因敌变化示神奇”？比武较技的施招用手、施手用招，皆从他力取法，心身空灵而手灵妙，则能“往复中必有折叠，进退中自有转换”了，必定是顺随自然、应无不当。此就是“静中触动动犹静”的攻防妙义。

如何才能真正做到“静中触动动犹静”？那就是随人所动，随屈就伸，时刻留意，挨何处，心就要用在何处，也就是说，发劲时身心要沉着松静，专注一方。之所以能如此，实乃“气遍身躯不稍滞”的结果。

何谓“气遍身躯不稍滞”？就是气随心到，心逐气穿，行气如九曲珠，无微不到。心能普照，气自周全，久之则能力自加，必然立身中正安舒，支撑八面，拳式如行云流水，无停无滞，瞬息存养，动静清轻而灵，入手神妙，可以进退如意，形无定门，非斜非横，忽高忽蹲。功夫到此，可谓通真。之所以能如此，皆在“变转虚实须留意”中求之。

“变转虚实须留意”的精义为何？意者，脾脏之神。此意有两解：一是中医五行学说中脾主肉，此意可作为外形理解；一是意为脾脏之神，此意可作为意识功能来理解。又据拳家的虚实说，外形为虚，内气为实，以此观看“变转虚实须留意”的精义，就是外形、内气的变转需要时时处处留以心意。只有心意运使内气、外形转换灵通，方有拳势圆活之妙趣。这就需要做到“命意源头在腰隙”。

何谓“命意源头在腰隙”？命者，气也；意者，形也。外形的变化以腰为中枢，内气的运使以腰为主宰，故曰腰为驱使。这就要以心行气，务令外形松静沉着，才能使内气意敛入骨。

这段论述，将十三势行功中的因果关系，心意、气形、虚实等关系，基本上释解清楚了。将此段论述与心意拳诀的“捶自心出，拳随意发。总要知己知彼，随机应变”合并观之，此中修炼、建体、致用的宗旨自有异曲同工之妙。

太极拳解

身虽动，心贵静[①]；气须敛，神宜舒。心为令，气为旗；神为主帅，身为驱使。[②]刻刻留意，方有所得。先在心，后在身。在身，则不知手之舞之，足之蹈之，所谓一气呵成、舍己从人、引进落空、四两拨千斤也。

须知：一动无有不动，一静无有不静。视动犹静，视静犹动。内固精神，外示安逸。须要从人，不要由己。从人则活，由己则滞。尚气者无力，养气者纯刚。[③]

彼不动，己不动；彼微动，己先动。[④]以己依人，务要知己，乃能随转随接[⑤]；以己黏人，必须知人，乃能不后不先[⑥]。

精神能提得起，则无迟重之虞；黏依能跟得灵，方见落空之妙。往复须分阴阳，进退须有转合。机由己发，力从人借。发劲须上下相随，乃能一往无敌；立身须中正不偏，方能八面支撑。静如山岳，动若江河。迈步如临渊，运劲如抽丝。蓄劲如张弓，发劲如放箭。[⑦]

行气如九曲珠，无微不到；运劲如百炼钢，何坚不摧？形如搏兔之鹘，神似扑鼠之猫。[⑧]曲中求直，蓄而后发。收即是放，连而不断。极柔软，然后能极坚刚；能黏依，然后能灵活。气以直养而无害，劲以曲蓄而有余。[⑨]渐至物来顺应，是亦知止能得矣！[⑩]

题解

此篇文章详细解说了太极拳之修炼、建体、致用等内容。全篇分五段：第一段论述了心身的主从关系，以及如何修炼出由己的功夫；第二段论述了由己仍是从人而用的法则，强调尚意不尚力；第三段论述了“知己知彼，方能百战不殆”的要旨；第四段论述了具备圆活灵妙而不撄人之力的轻灵功夫，才能一往无敌；第五段做了全面的总结，并申明只有达到物来顺应的随心所欲艺境，才是功成艺就之时。

注解

① 身虽动，心贵静

身法攻防变化，谓之动；相对的心理活动要冷静处理，故谓之静。所谓会家不忙，正是此理。一动一静谓之拳，此其一说也。此乃对心与身的关系而言。

② 心为令，气为旗；神为主帅，身为驱使

此句充分表明，太极拳是“以神为主，以气为充，形从则利”的内家拳法。此句表达了神、气、形三才浑化合一的修炼、建体、致用的宗旨。

③ 尚气者无力，养气者纯刚

尚气者，指尚血气而用横力的筋努骨突者，其自觉所发拳势有力，因其形阻力闭而淤滞在自身骨中，故着人之身反倒无力了。养气者，指颐养纯真元气者，其尚意不尚外形之力，其内气具有无坚不摧的特点，发必中的，所以说“养气者纯刚”。尚血气而用横力的筋努骨突者，统称为外家拳法；“意气君来骨肉臣”的和颜悦色者，统称为内家拳法。诸家之拳虽然皆内外合一，但是建体、致用之法有别，故传统拳术有内家拳法和外家拳法的分别，而门派、拳种之间并无内家拳和外家拳的分别。太极拳的修炼，亦是如此。尚血气而用横力者，是外家拳法；尚意而不尚力者，是内家拳法。

④ 彼不动，己不动；彼微动，己先动

太极拳是以静用动、静以制动的无为拳法，强调以听探用顺化的后人发而先人至的法则。以动静言，就是“驭静以动，动中亦静，动静互为其根”的法则。

⑤ 以己依人，务要知己，乃能随转随接

彼动己随，谓之以己依人。依人所动能力的基础，就是要先知己。知己者，即由己。由己者，是心能使身、身能从心而动静。对待时，由己仍是从人，能从人者，方可依人而动静，自能随转随接而无断续地随彼之屈伸往来。此为黏连法。

⑥ 以己黏人，必须知人，乃能不后不先

如要黏人之刚逼，必须知人劲势之头尾、向背，方能实施粘连黏随，让力头、打力尾，柔化刚发，黏走相生，达到避向击背、化打合一的艺境。

⑦ 蓄劲如张弓，发劲如放箭

实施黏走相生、化打合一的法式，走者为以柔行气的蓄劲法式，如张弓时圆满之势，黏者为刚落点的发劲法式，如放箭时直射之势。此即论说黏走相生、化打合一的曲化直发特点。

⑧ 形如搏兔之鹘，神似扑鼠之猫

此情此景，正如拳经所言：“急与争锋，能上莫下，多占一分，我据形胜，一夫当关，万人失勇。”其形如搏兔之鹰隼，全神贯注，似扑鼠之猫，随时都可能发动致命攻击。

⑨ 气以直养而无害，劲以曲蓄而有余

内功修炼，气贯周身，直接保养身体，有益无害，若用于攻防较技，则劲势曲蓄要留有余地，否则，一发即净，就没有回旋的余地了。《太极拳经》有云：

问曰：身法当如何操持?

答曰：在收放卷舒。

常收时发是操持，舒少卷多用更奇。

一发难收无变计，不如常守在心头。

此歌诀中“常收时发是操持，舒少卷多用更奇”一句，将“劲以曲蓄而有余”的内容论述得十分清楚。

⑩ 渐至物来顺应，是亦知止能得矣

能做到知己的黏连随转随接，又能做到知人的不撄人之力，谓之懂劲。如此修炼，就能渐至物来顺应，应物自然，能知有隙而进，无隙而退，进退有分寸。

太极拳论要解

解曰：先在心，后在身。① 腹松，气敛入骨，神舒体静，刻刻存心。② 切记一动无有不动，一静无有不静。视静犹动，视动犹静。③ 动牵往来气贴背，敛入脊骨。要静，内固精神，外示安逸。④ 迈步如猫行，运劲如抽丝。全身意在蓄神，不在气，在气则滞。⑤ 尚气者无力，养气者纯刚。气如车轮，腰如车轴。⑥

又曰：彼不动，己不动；彼微动，己先动。⑦ 似松非松，将展未展，劲断意不断。⑧

题解

此篇是对王宗岳《太极拳论》中的练、用要点的解说。一共分了八条内容，前六条主要是介绍建体、致用的练法；后两条主要是解说用法原则。

注解

① 解曰：先在心，后在身

修炼太极拳术攻防之道，不外建体、致用两项内容。不管是建体还是致用，修炼的基本法则都是先心里明白，然后身体如法做得准确。也就是说，先要明白拳理，之后才能正确地做出来。

② 腹松，气敛入骨，神舒体静，刻刻存心

形体松静，尤其是腹部空松，才能气敛入骨，放之皮毛，而达到神之舒展、形体安静，听探之良知清明、顺化之良能透彻。

这就需要平时修炼时刻刻存心于此境界中，不能马虎行事。

③ 切记一动无有不动，一静无有不静。视静犹动，视动犹静

必须牢记，一动浑身内外无有不动，一静则无有不静，此防守有序之谓也。形体虽静，而神意听探无时不动；形体虽动，而无时不是安静的听探状态。

④ 动牵往来气贴背，敛入脊骨。要静，内固精神，外示安逸

《内功四经》中说："提颏以正项，贴背以转斗，松肩以出劲。"说的就是气贴背而背发劲的功能。气敛入骨，就是气由肩背降至腰（谓之合）、由腰升至肩背（谓之开）的升降之势。外形要静，不能妄动之谓也。这也就是"内固精神，外示安逸"的精义。只有如此动静，才能听探清晰，顺化明白，黏走相生，化打合一。

⑤ 迈步如猫行，运劲如抽丝。全身意在蓄神，不在气，在气则滞

劲意在足踝，运行步法才能如猫行之轻灵。运劲节节贯串，谓之如抽丝。全身之意在蓄神，神者，神气也，就是心之所在力随往的意思。"不在气"有两解：一是不在内气的运行上，而在神意所到之处；二是不在血气上。神意无论是放在内气的运行上还是放在血气的运用上，都会出现涩滞迟重的情况。

⑥ 尚气者无力，养气者纯刚。气如车轮，腰如车轴

崇尚血气者，必定出现形阻力闭的现象，故而所出之拳势反倒无力；养真元之气者的拳势纯刚，纯刚者去力无阻。气在周身运行，旋转滚动不停，其象如车轮。腰乃内气升降之枢纽，故曰如车轴。

⑦ 又曰：彼不动，己不动；彼微动，己先动

双方比武较技，本是以听探用顺化，故不先人而动，是谓“彼不动，己不动”。然听探之灵明者，审视有先人之明，知其未发之招，悉其将发之意，故“彼微动，己先动”。这一点贯彻的是以静制动的法则。如果彼不动，则我招其动，待其动时再顺势以制之，则亦能胜之。

⑧ 似松非松，将展未展，劲断意不断

这是描写黏走功夫的劲势景象。

十三势说略

每一动，惟手先着力，随即松开。[①]犹须贯串一气，不外起、承、转、合。始而意动，继而劲动，转接要一线串成。[②]

气宜鼓荡，神宜内敛。勿使有缺陷处，勿使有凹凸处，勿使有断续处。[③]其根在脚，发于腿，主宰于腰，升于胁，运化于胸中，过肩肘，形于手指。[④]由脚而腿、而腰，总须完整一气，向前、退后，乃能得机得势，有不得机得势处，身便散乱，必至偏倚，其病必于腰腿求之。上下、前后、左右皆然。[⑤]

凡此皆是意，不在外面。[⑥]有上即有下，有前即有后，有左即有右。如意要向上，即寓下意。[⑦]若将物掀起，而加以挫之之力，斯其根自断，乃坏之速而无疑。[⑧]

虚实宜分清楚，一处自有一处虚实，处处总有此一虚实。周身节节贯串，勿令丝毫间断。[⑨]

题解

本文是对太极十三势的修炼、建体、致用要点的简略阐述，故名“十三势说略”。要达到太极十三势运用自如，必经过系统的喂手、盘较之修炼，这才是本文不言而言的精髓所在。

注解

①每一动，惟手先着力，随即松开

此论太极拳的每一动，惟手先着力，随即松开，是就啄劲的法式而言的。吴图南在《凌空劲歌》中说："先须啄劲练到手，再练荡劲不费难。"

② 犹须贯串一气，不外起、承、转、合。始而意动，继而劲动，转接要一线串成

全身一气节节贯串，就是每一式的起处都要心先动，以意使气催劲到，形随之而动，转关、过角犹须一线串成。此是功夫，势势如此则为长拳。

③ 气宜鼓荡，神宜内敛。勿使有缺陷处，勿使有凹凸处，勿使有断续处

气宜鼓荡，是内气运行灵动而周全之意；神宜内敛，是气敛入骨，身如绳束者，自然心能普照自身也。神、意、气、劲、形、中内外六合一统，方圆变化而意气风发，势正招圆而劲势饱满。

④ 其根在脚，发于腿，主宰于腰，升于胁，运化于胸中，过肩肘，形于手指

内气、外形的根基在脚。所谓一气贯串，就是劲起于脚，发于腿，主宰于腰，升于胁，运化于胸中，过肩肘，形于手指的顺逆运行过程。每一拳势的变化都是由脚而腿，至腰，总须完整一气而完成。"升于胁，运化于胸中，过肩肘"，其根据是《内功四经·纳卦经》，胁者，协也，如鱼有腮，一开一合，气有升降矣。合则下协于丹田，后协于两肾，中间一股大气，自盖骨下从两裆内直沉至涌泉穴而止，复向后由足大筋向上翻出，自两委中穴上由尾闾穴透入夹脊，则与胁相交。

⑤ 由脚而腿、而腰，总须完整一气，向前、退后，乃能得机得势，有不得机得势处，身便散乱，必至偏倚，其病必于腰腿求之。上下、前后、左右皆然

此论指出，拳势有病，则病在腰腿。腰为一身上下左右的

中枢，腿足是一身气形的根基。拳势“由脚而腿、而腰，总须完整一气，向前、退后，乃能得机得势”，如果腰腿有病，自然出现不得机势处，必致偏倚，既不能中正安舒，也就不能中土常守了。

⑥ 凡此皆是意，不在外面

上述内容皆是论述内在的攻防机制，即与自己的法身道体相关的，而不是外形方面的，故曰“不在外面”。

⑦ 有上即有下，有前即有后，有左即有右。如意要向上，即寓下意

自己的法身道体是立体方圆的攻防机制，内劲一气圆融之体，外形是上下、前后、左右六合一体。故其动变，上下、前后、左右都是兼顾的。如果意要向上，早寓有下之意。故曰“上下、前后、左右皆然”。实际上是利用自身内气、外形的对立统一来完成的。

⑧ 若将物掀起，而加以挫之之力，斯其根自断，乃坏之速而无疑

此句是讲利其反力而击之的道理。如欲将人掀起，必先加以下挫之力，其欲上争，借势上掀之，则其根自断，其跌翻之迅速而无所质疑。物者，此处指人。

⑨ 虚实宜分清楚，一处自有一处虚实，处处总有此一虚实。周身节节贯串，勿令丝毫间断

拳势中，外形的虚实，内劲的虚实，劲形合一而用的遁使之虚实，虚中、实中的攻防转换之虚实，这些都要一一分辨清楚。周身总有内气为实、外形为虚的对立匹配的存在。周身内气、外形匹配合一的节节贯串之势，勿令有丝毫间断，才见功夫，才能听探真切、黏走无差、得机用势，则胜人乃成易事。

四字秘诀

敷：敷者，运气于己身，敷布彼劲之上，使不得动也。[①]

盖：盖者，以气盖彼来处也。[②]

对：对者，以气对彼来处，认定准头而去也。[③]

吞：吞者，以气全吞而入于化也。[④]

此四字无形无声，非懂劲后，练到极精地位者，不能知全。[⑤]是以气言，能直养其气而无害，始能施于四体。[⑥]四体不言而喻矣！

题解

此文讲解的是“敷、盖、对、吞”四字真传秘诀的功夫艺境，提出了“是以气言，能直养其气而无害，始能施于四体”的修炼、建体、致用观点。

注解

①敷者，运气于己身，敷布彼劲之上，使不得动也

敷法，是在接触点采用不即不离的方法，是古传靠吃法的别名。靠吃有两种法式，一是外形靠而内劲吞吃，一是内劲靠而外形吞吃。凡实施靠法，都要具有不撄人之力；凡运用吃法，都要牵引其力头使其落空。此文论的是内劲靠而外形吞吃的法式，故曰“运气于己身，敷布彼劲之上，使不得动也”。“使不得动也”，说的是此敷法的实施能令对手进不敢进、退不敢退、浑身无力，极其危难，如在圆石上站着，不敢乱动，几乎足不动即欲跌倒。

此是虽不打敌，敌自心服的艺境。

② 盖者，以气盖彼来处也

打人全凭盖势取，盖法的巧妙所在犹如人被盖在顶盖下面不得伸展，只得被困，不能自脱。其法“以气盖彼来处”有两解：一是以气盖住对方来接触我身之处，使其不得劲；二是以气盖住对方来势之根，使其自不得势。此两法全是运用内气的妙法。

③ 对者，以气对彼来处，认定准头而去也

太极拳攻防技击基本上有两种法式：一是顺从以为进退的四两拨千斤，一是逆力以为揭献的借力打人。此对法讲的是逆力的方法。对法有三种法式：一是以形体功法为用，辅以内气形成气柱的“立体三角”的法式，术名锥法，多用于形拳招熟的功夫阶段；二是逆力以为揭献的法式，有“横斜破直”“直破横斜”两种具体对法，多用于气、意拳懂劲的功夫阶段；三是一气圆形膨胀的对法，用于神拳神明的“毛发松弹守三阳”的功夫阶段。此三种对法都是“以气对彼来处，认定准头而去也”。

④ 吞者，以气全吞而入于化也

气吞山河之势，来而不拒，照收不误。内劲功夫的吞法可吞其来势入于无形。杨谱中论说：“以柔软而迎坚刚，使坚刚化为乌有耳。”故曰：“以气全吞而入于化也。”此是神化的无上功夫艺境。

⑤ 此四字无形无声，非懂劲后，练到极精地位者，不能知全

敷、盖、对、吞四字诀，论说的是无形无声的法身道体（内劲）功夫的用法，指明了此四字诀功夫是在懂劲后，即达到神拳神明功夫阶段的攻防艺境之后，才能逐渐知道的。

⑥ 是以气言，能直养其气而无害，始能施于四体

修炼太极拳术攻防之道能直接培养真元之气，即直接培养自己的法身道体，对于健身、技击都是有益无害的。有了自己的法身道体，使之能施于四体，才是最好的修炼、运用之法式。四体者，头、身、手臂、腿足。

打手撒放

掤（上平声）

业（入声）

噫（上声）

咳（入声）

呼（上声）

吭

呵

哈

题解

这是八种发声吐气辅助劲势发放法。古传有“哼、哈、嘿”三声法，笔者惯用的是“哼、哈、嘿、咦”四种吐气发声法。

太极拳门有“哼哈二气妙无穷，一嘿吓倒众精英”的吐气开声发劲方法。武氏谱中有打手撒放的八字法，即掤、业、噫、咳、呼、吭、呵、哈八声的练用功法，属于打展手撒放劲势的方法。

过去走镖的镖头师傅、武把式在起身护镖与过村见镇时都要喊镖，所喊内容就是“威武”二字。其音韵美妙，旋律抑扬顿挫，婉转悠长，近处听之，不觉其音多高，远处闻之，其音质清晰，如喊镖之人就在近处。此皆因丹田气足。

吐气开声发劲法，并不是某个门派、拳种所独有的练功方法，而是普遍存在于各传统门派、拳种之中的基本练功方法之一，是前辈们根据中医学理论，结合拳术修炼内气的原理所创的以呼为补的练功方法，借助发声内震的原理，开发自身内在功能，而总结出的吐气开声发劲的系统练功方法，即发声的“吐故纳新”。吐气有两个内容、两种作用。一是吐出肺中废气。吐气时要振动声带而发声，可有震醒神气的作用，又有强化内在功能的效用，同时可避免出长气，催动内气纳入丹田。吐出废气，是“邪去正自补”的原理的体现。二是真气纳入丹田，又从丹田吐出发至四肢末梢及体表皮毛，全身四肢百骸、五脏六腑自得真气所养，必然身体强健，又可获得发劲击人之功能。健身、技击二种功能并于一法之中，可见前人之聪慧。

肾为肺之子，主骨。真气内聚，由丹田发放至四肢末梢及体表，首先受益者是肾，再者就是骨。吐气开声发劲法的修炼就是明劲，故曰明劲有强骨效用，其机制就在于此。肾气足，则骨质坚，继而骨髓之质精。

虽说吐气开声振动声带，然功夫熟练者在呼气发声时口中不觉有气吐出，而声音洪亮、清脆、浑厚。同时，膈下腹腔内气骤入丹田，有补肾正阳气的特殊效果。此丹田之气，名曰混元一气。此功夫者，即“后天气、先天气，得之者，常似醉”的初期感受。

丹田之气足，则在打展手发声同时内气自由丹田内迸发至四肢末梢及体表皮毛，可使拳势劲力浑厚、内外如一，通灵而致用。故此打展手法一直备受拳家重视，各门皆以此法为秘不轻传之法，非师门得意弟子不知此法。

笔者自幼从家父练习拳术基本功夫，从八九岁起修炼打展手之吐气开声发劲法，持续了近 15 年，有幸知其中各层境界之妙不可言。此是修炼拳术技击、发劲、放劲之必修功法。通过修炼，可有多种功夫艺境的收获，有明劲法、暗劲法、化劲法等系列练法，可炼形、炼气、炼神。现将笔者习练打展手的具体操练方法简述如下，以备广大习拳者参考。

吐气开声打展手法式

预备式：无极桩站式，双腿平分开，稍比肩宽。双手抬起与胸成 45° 角向两边分开，双手皆八字掌（即拇指、食指成八字形，中指、无名指、小指三指半握成拳状），肘尖向下，臂曲，双手腕与肩齐高，双手心向脸面，手背向外，气沉丹田。

左手打哼声：左肩胛由上向脊椎挤压，向下、向前转肩 3 圈，第 3 圈时肩胛靠脊椎处为蓄势。左足向左前方斜迈半步，前足掌落地踏劲，骤然吐气发“哼”声，肩胛如脱钩之势，催左手臂肘腕将左手打出，如左手背击物，同时内气射入丹田中。右足跟蹬劲长势，左足前掌踏劲回撑自身。左手背与全身成前后两夺之势。发“哼”声时，舌尖舔上腭。

右手打哈声：左手打完，手臂复原，左足收回，成预备式。右肩胛由上向脊椎挤压，向下、向前转肩 3 圈，第 3 圈时肩胛靠脊椎处为蓄势。右足向右前方斜迈半步，前足掌落地踏劲，骤然吐气发“哈”声，肩胛如脱钩之势，催右手臂肘腕将右手打出，如右手背击物，同时内气射入丹田中。左足跟蹬劲长势，右足前掌回撑自身。右手背与全身成前后两夺之势。发“哈”声时，舌尖放在下齿根处。

左右两手同时打嘿声：右手打完哈声，手足复原成预备式。左右两肩胛上下交替，向后转 3 圈，第 3 圈时两肩胛皆向脊椎挤压为蓄势。迈出左足半步，左足前掌落地踩实，骤然吐气发“嘿”声，双肩胛如脱钩之势，同时各催左右之肩肘腕将左右手同时打出，如左右手背击物，同时内气射入丹田。后足跟蹬劲长势，左足前掌踩劲回撑自身。左右手背与自身成前后两夺之势。发“嘿”声时，舌尖微前伸。打完则收步复原，再继续打左手“哼”声。这样，一左、一右、左右同时，周而复始，轮番练下去即可。

以上为初期的打展手法，继而丹田气足，则会自动出现气炸丹田，内气向四肢末梢及体表迸发之涨感，此势会越来越充足。有了此种感觉，就要引用到攻防招式的训练上去，做到招式的外形、内气同步蓄放到位，随势自如，便是功夫。

尚有劲形逆从的暗劲、意敛入骨的化劲等各层功夫艺境的练法。打展手达到内气质量精纯的最高境界时，身体各部位必然会出现虚空气炸的内部景象。当此种气炸景象能达到自我控制时，打展手的功夫就练成了。前人所说的“不期然而然，莫之致而致”“炸力无续断”等境界，皆可在动手较技中体会到。传统拳术无神秘可言，只在得法而修，按法而练，练功得当，假以时日，功到自然成。

打展手可炼气、炼形、炼神，可练各种发劲之势，亦可运用于拳招中，如虎扑式、牵缘手式。过去拳家修炼时，在套路招法中用打展手法修炼，达到了劲势发放的目的。如陈氏太极拳的二趟炮捶套路练法就是为此而设计的。永远记住，打展手也是尚意不尚力，这是修炼拳技功夫的门道。得之者，便可成为练功夫的行家里手。

身法八要

含胸，拔背[①]；

裹裆，护肫[②]；

提顶，吊裆[③]；

松肩，沉肘[④]。

题解

题名“身法八要”，说明身法要遵循此八条基本身法准则。即以百会至会阴的身弓法式，又有沉肩坠肘的双手护胸手法，还有下盘松腰、坐胯、屈膝的疾步站式，呈现的是“前空后丰”的攻防机制，再将内气收入中宫，则成严阵以待的预备式了。此八法都要分项操练纯熟，方能合而用之。可与后面卷四中的“打手身法歌”“身法十要”合而观之，其中精义自明。

注解

① 含胸，拔背

身法功夫要求腰上拔背，亦曰腰脉提，肩背圆活，胸前空而气贴背。应符合背圆胸方的“前空后丰”之攻防机制，这样才便于施用“满身轻利顶头悬”的身法功夫。

② 裹裆，护肫

裹裆，是通过泛臀、敛臀、裹臀、溜臀、勾臀、翻臀而置尾闾中正。只有尾闾中正，神气才能贯顶，再辅以“满身轻利顶头悬”，才能身弓具备。这就是下盘腰腿功夫裹裆的真实含义。

肫，通指禽类的胃部，俗称食嗉子，为盛食物的软囊，如鸡肫。如以此理解，护肫指双手不离胸。

③ 提顶，吊裆

神要提至顶，即百会穴，此句是说“尾闾中正神贯顶”的。“顶”字又有“满身轻利顶头悬”的“顶”字之意。吊裆，指会阴穴的劲意上翻至丹田。

④ 松肩，沉肘

此处指沉肩、坠肘的形态，具备肩撑肘横的圆满灵活劲意。

卷三

李谱　李亦畬太极拳论

五字诀

一曰心静：心不静则不专，一举手前后左右全无定向，故要心静。起初举动未能由己，要息心体认，随人所动，随屈就伸，不丢不顶，勿自伸缩。彼有力，我亦有力，我力在先；彼无力，我亦无力，我意仍在先。要刻刻留意，挨何处，心要用在何处，须向不丢不顶中讨消息。从此做去，一年半载便能施于身。此全是用意，不是用劲。久之则人为我制，我不为人制矣！①

二曰身灵：身滞则进退不能自如，故要身灵，举手不可有呆像。彼之力方碍我皮毛，我之意已入彼骨里。两手支撑，一气贯串。左重则左虚，而右已去；右重则右虚，而左已去。气如车轮，周身俱要相随。有不相随处，身便散乱，便不得力，其病于腰腿求之。先，以心使身，从人不从己；后，身能从心，由己仍是从人。由己则滞，从人则活。能从人，手上便有分寸。秤彼劲之大小，分厘不错；权彼来之长短，毫发无差。前进后退，处处恰合，工弥久而技弥精矣！②

三曰气敛：气势散漫，便无含蓄，身易散乱。务使气敛入脊骨，呼吸通灵，周身罔间。吸为合为蓄，呼为开为发。盖吸则自然提得起，亦拏得人起；呼则自然沉得下，亦放得人出。此是以意运气，非以力使气也！③

四曰劲整：一身之劲，练成一家。分清虚实，发劲要有根源，劲起脚根，主于腰间，形于手指，发于脊背。又要提起全副精神，于彼劲将出未发之际，我劲已接入彼劲，恰好不后不先，如皮燃火，如泉涌出。前进后退，无丝毫散乱，曲中求直，蓄而后发，方能随手奏效。此所谓借力打人、四两拨千斤也！[4]

五曰神聚：上四者俱备，总归神聚。神聚则一气鼓铸，炼气归神，气势腾挪；精神贯注，开合有致，虚实清楚。左虚则右实，右虚则左实。虚，非全然无力，气势要有腾挪；实，非全然占煞，精神要贵贯注。紧要全在胸中、腰间运化，不在外面。力从人借，气由脊发。胡能气由脊发？气向下沉，由两肩收于脊骨，注于腰间，此气之由上而下也，谓之合；由腰形于脊骨，布于两膊，施于手指，此气之由下而上也，谓之开。合便是收，开即是放。能懂得开合，便知阴阳。到此地位，工用一日，技精一日，渐至从心所欲，罔不如意矣。[5]

题解

该文是对“静、灵、敛、整、聚”五字诀言进行的详细注解，是关于太极拳修炼、建体、致用以及攻防艺境的论述，是可以如法而修的经典拳论。尤其是初入太极门者，更应当每日研读，细心揣摩每条论述中的练用精义。若与后面“撒放秘诀”一文相互参照，方得其妙。

注解

①一曰心静……久之则人为我制，我不为人制矣

太极拳术攻防之道要求，静则无所不应，动则无所不灵。静则听探清楚，动乃顺化明白。修炼太极拳术要求心静、形动而志专，如此才能应物自然。心静则能专心致志。志者，真元之气也。志不专，则动静变化不灵敏。故曰：“心不静则不专，一举

手前后左右全无定向，故要心静。”心静才能随其所动，这是要求心静的理由。如果刚开始练拳就与人动手、推手，此时自己的攻防机制不健全，举动不能由己。在自练时体会动静变化内外合一，谓之由己。所以需要先精心体认各种攻防动作的要领，再求与人动手、推手的顺从功夫。由己仍是从人，能够随人所动，无过不及，才是功夫。顺从而动的基本法则就是“彼有力，我亦有力，我力在先；彼无力，我亦无力，我意仍在先”。正如拳诀云：“起伏进出，得先者王。”此乃传统拳学之真谛。

故而，在自己修炼或与人对练时，要时刻留意对手挨着我何处，心要用在何处，以观（听)其动静变化，顺从随其动静屈伸，需向彼去则即时跟进而不丢，彼来则使进而不顶，讨得明白劲形虚实变化的信息。从此法，经过一年半载的修炼，便能以顺随法实施于身了。此顺随法修炼的关键是运用心意听探，运用顺化之良能，不单是运用劲力，故曰“此全是用意，不是用劲”。

② 二曰身灵……工弥久而技弥精矣

有形者，虚则灵。身形乃有形之物，故应虚灵为尚。太极拳要求全体透空的虚灵妙境，就是身灵的基本态势。身体动作滞慢拙实，就不可能灵动敏捷、进退自如。文中说“举手不可有呆像”，何为不呆之像呢？就是“彼之力方碍（挨）我皮毛，我之意已入彼骨里”的灵动敏捷。这就需要两手劲意支撑，一气贯穿，方能做到“左重则左虚，而右已去；右重则右虚，而左已去”的顺随之法，才能使自身具备气如车轮的周身运转，上下相随，以腰为中枢，手起足要落，手落足要起，虚实匹配。如果不能做到手足上下相随，那么身法便散乱了，在攻防动静变化中就会有不得力。其病源在于腰的虚实不明、双腿的虚实不分，故曰“于腰腿求之”。要根除此病，在修炼时，先以心使身，当身体的动作能从心运作时，谓之由己的筑基功夫，而后身能从心了，再求从人不从己的功夫。有了由己的功夫，仍是从人而用，因为身法功夫由己则滞、从人则活。能从人者，才是身灵功夫的所在。能从人之屈伸动静而变化，手上便有了明确的分寸，能做到“秤彼劲之大小，分厘不错；权彼来之长短，毫发无差。前进后退，处处恰合”，这样用工弥久而攻防技艺弥精矣。此段论述的关键在于顺化之良能功夫的培养。

③ 三曰气敛……此是以意运气，非以力使气也

内气势散漫，便无含蓄之意，自然会导致外形身法散乱无章，进而失去攻防动变应随自然的能力。故在修炼时务必要使内气收敛入于脊骨内，内气的呼放吸提要通畅灵敏，内气、外形匹配如一，做到内气在周身节节贯穿，无有间隙、隔断。内气的吸为合、为蓄，呼为开、为发。吸则自然提得起，亦拏得人起；呼则自然沉得下，亦放得人出。此是以意运气，非以力使气也。诀言：“有气者无力，无气者纯刚。”此段论述重在“意气君来骨肉臣”的蓄发功夫之培养。

④ 四曰劲整……此所谓借力打人、四两拨千斤也

内气的阳刚之性，外形的阴柔之质，为一身之劲势。分清外形体虚、内劲体实，外形有接骨斗榫的实之用，内劲有化无的虚之用。然攻防拳势发劲要有根源，劲起于脚跟，主于腰间，运化于胸，发于脊背，形于手指，这是顺发的法式。当然还有如法逆收的法式。不管是顺发，还是逆收，都要提起全副精神，即劲形鼓荡充沛。这样，在动手、推手的过程中，于彼劲将发未发之际，我劲已接入彼劲，恰好不先不后，如皮燃火，如泉涌出。如此，才能在前进后退之始终，自身无私毫散乱之处，方能顺随对手的变化，实施避实击虚的法则，做到让力头、打力尾而奏然生

效。这就是逆力以为揭献的借力打人、顺从以为进退的四两拨千斤的方法。此段论述的关键在于内气、外形周身一家的劲整功夫。

⑤ 五曰神聚……渐至从心所欲，罔不如意矣

心静、身灵、气敛、劲整四项功夫俱备了，总要归于神聚。何为神聚？就是健顺合之至，太和一气，灵明而不昧者。换句话说，就是法身道体的圆满无损之候。从攻防艺境上来说，就是“神以知来，知以藏往”的神知艺境，是“皮打抖弹震死牛”的一气鼓荡之候，炼气归神、气势腾挪之候。这时的修炼更要精神贯注，内气、外形匹配如一，开合有致，虚实清楚。虚，非全然无力，气势要有腾挪；实，非全然占煞，精神贵贯注专一。紧要处是内气的变化运用全在胸中、腰间，而不在外形。欲要伤人，力从人借，气由脊发。内气由脊向下沉降，由两肩收入脊骨，注于腰间，此内气由上而下也，谓之合；内气由腰行于脊骨，而布于两膊，施于手指，此气之由下而上也，谓之开。合便是阴收，开便是阳发。修习者能懂内气的阳动而开、阴静而合，便知阴阳之要义了。修炼至此，工用一日，技精一日，渐至从心所欲，就没有不能如意之处了。

走架打手行工要言

昔人云：能引进落空，能四两拨千斤；不能引进落空，不能四两拨千斤。语甚概括，初学未由领悟，予加数语以解之。俾有志斯技者，得所从入，庶日进有功矣！[①]

欲要引进落空、四两拨千斤，先要知己知彼[②]；欲要知己知彼，先要舍己从人[③]；欲要舍己从人，先要得机得势[④]；欲要得机得势，先要周身一家[⑤]；欲要周身一家，先要周身无有缺陷[⑥]；欲要周身无有缺陷，先要神气鼓荡[⑦]；欲要神气鼓荡，先要提起精神，神不外散[⑧]；欲要神不外散，先要神气收敛入骨[⑨]；欲要神气收敛入骨，先要两股前节有力，两肩松开，气向下沉，劲起于脚根，变换在腿，含蓄在胸，运动在两肩，主宰在腰[⑩]。上于两膊相系，下于两胯、两腿相随。劲由内换，收便是合，放即是开。静则俱静，静是合，合中寓开；动则俱动，动是开，开中寓合。触之则旋转自如，无不得力，才能引进落空，四两拨千斤。[⑪]

平日走架，是知己功夫。一动势，先问自己周身合上数项不合？少有不合，即速改换。走架所以要慢，不要快。[⑫]打手，是知人功夫。动静固是知人，仍是问己。自己要安排得好，人一挨我，我不动彼丝毫，趁势而入，接定彼劲，彼自跌出。[⑬]如自己有不得力处，便是双重未化，要于阴阳开合中求之。[⑭]所谓知己知彼，百战百胜也。[⑮]

胞弟启轩尝以球譬之：如置球于平坦，人莫可攀跻，强临其上，向前用力——后跌，向后用力——前跌。[⑯]譬喻甚明，细揣其理，非舍己从人、一身一家之明证乎？[17]得此一譬，引进落空、四两拨千斤之理，可尽人而明矣！[18]

题解

走架，即通过套路的演练得到正确的身架功夫。打手，攻防较技也。行工，是行功的另一说法，就是通过演练套路而得到周身内外的攻防技术。该篇是专门论述如何通过修炼太极拳术套路而求得引进落空、四两拨千斤、借力打人等真功夫的。由于该文运用的是自问、自答、自解的行文方式，故读者应反复阅读、认真揣摩，才能体悟到其中练用之精旨。

注解

① 昔人云：能引进落空，能四两拨千斤；不能引进落空，不能四两拨千斤。语甚概括，初学未由领悟，予加数语以解之。俾有志斯技者，得所从入，庶日进有功矣

昔人有云，顺从以为进退，引进落空，柔乘他力后，四两拨千斤；逆力以为揭献，迎头对击，刚发他力前，借力打人。初修太极拳术攻防之道者，不能够领悟其中的道理，我加数语，予以解释。这样，可以让有志于修炼太极拳术的人得到入门的途径，每日进修则有功德艺境升华。

② 欲要引进落空、四两拨千斤，先要知己知彼

交手较技，顺随为法，接引对方拳势使进，使之进到处于背势之境，造成对方的劲势力头落于空处，顺势黏而发之，此即四两拨千斤的小力打大力。能如此而制胜者，是谓懂劲功夫，就是听探顺化相互为用的功夫。欲达到引进落空、四两拨千斤的艺境，先要知道自己之劲势动静、刚柔、虚实的本末缘由，亦要知

道对手之劲势动静、刚柔、虚实的本末缘由，才能得以正确地实施。即彼动而自己心先动而媾形，气自随之而成其势，气媾形在先，形随其而动自成。

③ 欲要知己知彼，先要舍己从人

要想知己知彼，先要舍己从人。由己则滞，从人则活。舍己从人，是太极拳实施攻防招法及其变化的关键所在。

④ 欲要舍己从人，先要得机得势

要想做到舍己从人，先要自己立身中正，活似车轮，自能圆机活法，伏机待动，谓之得机得势。

⑤ 欲要得机得势，先要周身一家

要想做到得机得势，先要做到自己手法、身法、步法三法合一；内气、外形虚实分明，虚中有实，实中有虚；刚柔适度，刚中有柔，柔中有刚；动静有序，一动无有不动，一静无有不静。阴阳平衡，即所谓“阴平阳秘，其身乃治”的周身一家功夫。

⑥ 欲要周身一家，先要周身无有缺陷

要想得到周身一家之功夫，先要做到身法六合一体，曲化直发，攻防动变符合神、意、气、劲、形、中六合一统之法则。这样，周身自然圆满无亏了。

⑦ 欲要周身无有缺陷，先要神气鼓荡

要想周身没有缺陷，先要做到外形虚空、内气鼓荡，内外匹配如一。此乃修炼太极拳术攻防之道的关键所在。

⑧ 欲要神气鼓荡，先要提起精神，神不外散

要想神气鼓荡，先要提起精神，内气在体内健运不息。正如前贤所言：“夫气起于丹田，升于泥丸，降于背，入于肩，流于肘，抵于腕，至十指尖，此气之上贯也。气生丹田，入于两肾间，降于涌泉，此气之下贯也。气随心到，心逐气穿，心能普

照，气自周全，久而力自加焉。式如行云流水，无停无滞，瞬息存养，动静清轻而灵，入手神妙，可以进退如意，形无定门，非斜非横，忽高忽蹲。功夫到此，可谓通真。”（《浑元剑经》）

⑨ 欲要神不外散，先要神气收敛入骨

神气收敛入骨的运行，谓之洗髓，又可谓抻筋拔骨。神气收敛入骨，则神不外散，就能提起精神。

⑩ 欲要神气收敛入骨，先要两股前节有力，两肩松开，气向下沉，劲起于脚根，变换在腿，含蓄在胸，运动在两肩，主宰在腰

要想神气收敛入骨，先要股骨前节支撑有力，承住自身，两肩松开，心气沉入丹田，内劲起于足踝，虚实变换在腿，含蓄在胸，运化在两肩中，即贴背以转斗的用劲法式。内劲、外形上下相随，升降开合之动静变化，主宰却在于腰的虚实动变。腰为一身攻防动静变化之中枢。

⑪ 触之则旋转自如，无不得力，才能引进落空，四两拨千斤

立身中正，活似车轮，触之则能顺随圆转自如，自然无有不得力处。具有如此身法功夫，才能够顺随地实施引进落空、四两拨千斤的技法以胜人。

⑫ 走架所以要慢，不要快

平日走架，是修炼知己的功夫。一动势，先要问自己，周身的动作是否符合上文所论的数项指标？如果有不合之处，即速改换。这就是走架要慢不要快的根本缘由。如此，既便于细心的体认、领悟而达到由己的功夫，又便于查错知错而立改，不留余病。

⑬ 自己要安排得好，人一挨我，我不动彼丝毫，趁势而入，

接定彼劲，彼自跌出

较技时，先要将自己身法的上下内外安排好，即交手前，先将中气吸聚中宫，腹满坚实，全体振动勃然，其势如行军未对之先，予将士聚齐，号令严明，鼓其勇气，以待敌兵，使气有根。这样，当敌人一挨我，我不动彼分毫就能趁势而入，接定彼劲，彼自然跌出。此论点明了太极拳术攻防之道的基本法则，就是顺人之势、借人之力。无独有偶，少林拳经中亦有如此论述，可一并参考。《拳经拳法备要》曰："敌人一动手时，精神必要为之掀开，令彼自露其空处，然后一转进身，便处处是空中投石。所谓乘虚而入，好用机是也。"此文体现了短打拳法的精妙，以柔用刚、以柔克刚的基本法则。对此，《浑元剑经》中论述得更为详细，读之即可知顺势借力的来龙去脉。施招用手、施手用招，乃含形随应致变，皆从他力取法。要在心空灵，而手灵妙，猝变无心动中惶惶之色，动静皆自然，非勉强也。自然之力，由于习惯也。尔等能潜神熟练，自可时至神知。

⑭ 如自己有不得力处，便是双重未化，要于阴阳开合中求之

如果在实施顺势借力的法式中自己有不得力的地方，那么便是双重未化。双重者，分体、用而论之。以体而论，自身的身法功夫不能做到手起足落、手落足起、上下相随，内劲、外形不能柔外刚中、阴阳逆从、劲形反蓄、匹配如一，乃自身之双重的病拳，是体病也。以用而论，太极拳术攻防之道崇尚"意气君来骨肉臣"的柔化刚发、顺势借力法则，以柔用刚、黏走相生、化打合一的基本攻防方法，即粘、连、黏、随之四种功夫。然而，若不得其要，崇尚血气之力，又以顶、匾、丢、抗之四种病拳实施于攻防较技中，便是双重未化之病。即使是遵守"意气君来骨肉

臣”的宗旨，若以顶、匾、丢、抗四种病拳实施于攻防较技中，仍然是双重未化之病。所以，凡是存有双重病拳的人，要于体、用之阴阳开合的方法中求得以阴济阳、以阳济阴、阴阳相济、互为其根的懂劲功夫，才能避免。

⑮ 所谓知己知彼，百战百胜也

以上的内容做到了，就能够在攻防较技中做到既能知己又能知彼了，当然可以做到“人刚我柔谓之走，我顺人背谓之黏”，顺人之势，借人之力，以柔用刚，黏走相生，化打合一，故能百战百胜。

⑯ 如置球于平坦，人莫可攀跻，强临其上，向前用力——后跌，向后用力——前跌

此乃描述太极拳的大成神拳，神明的凌空劲之功夫艺境。即中气能令对手进不敢进，退不敢退，浑身无力，极其危难，足下如在圆石上站，不敢乱动，几乎足不动即欲跌倒。此时虽不打敌，敌自心服。

⑰ 譬喻甚明，细揣其理，非舍己从人、一身一家之明证乎

认真揣摩太极拳术攻防之道的修炼、建体、致用的理法，无不是阐述“人刚我柔谓之走，我顺人背谓之黏”，舍己从人之攻防法则，无不是阐发“周身一家”的攻防机制。太极拳谱中的论述，不都是明证吗?

⑱ 得此一譬，引进落空、四两拨千斤之理，可尽人而明矣

知道了这些内容，那么对于引进落空、四两拨千斤及借力打人的功夫技法，凡是修炼太极拳术攻防之道的人，都是可以明白的，都是可以修炼成功的。

撒放秘诀

擎　擎起彼身借彼力。[①]（中有“灵”字）

引　引到身前劲始蓄。[②]（中有“敛”字）

松　松开我劲勿使屈。[③]（中有“静”字）

放　放时腰脚认端的。[④]（中有“整”字）

擎、引、松、放四字，有四不能：脚手不随者不能，身法散乱者不能，一身不成一家者不能，精神不团聚者不能。[⑤]欲臻此境，须避此病；不然，虽终身由之，究莫明其精妙矣！[⑥]

题解

用必打犯而不伤人，致使对手落败，是修炼太极拳术攻防之道的直接目的。要想在比武较技中取得胜利，就必须能将对手轻快干脆地掀翻在地。如何才能真正掌握用必打犯的技术？这就是“撒放秘诀”的精义。此文应与“五字诀解”一同观之，可相互参阅理解。

注解

①擎　擎起彼身借彼力

擎起，是擎举的意思，在这里是指将对方掀翻在地。要想在攻防较技中做到将对方掀翻在地，就要借助彼力。这其中蕴藏着一个“灵”字，首先是听探功夫的灵敏，其次是顺化功夫的灵巧，归根于听探、顺化相互为用的灵妙。

②引　引到身前劲始蓄

能够做到“擎起彼身借彼力”，除了一个“灵”字，还要具备一定的拳变造势和权变造势的条件。在拳变造势和权变造势中，第一个应当具备的条件就是“引”，即引之使进，其不敢不进，将其接引到身前并使其劲势落空，而同时我的劲势已经收敛蓄足了。这其中也蕴藏着一个“敛”字。

③ 松　松开我劲勿使屈

在拳变造势和权变造势中，第二个应当具备的条件就是“松”，即在实施引法的过程中始终要松开我的劲势，只有这样才能做到“不撄人之力”，使自身没有屈服点。这其中蕴藏着一个“静”字。此乃掤劲法式的具体运用。

④ 放　放时腰脚认端的

在拳变造势和权变造势中，第三个应当具备的条件就是“放”，即将对手接引到身前挨打的位置，自己的劲势蓄足了，对方又不能攻击我，就可及时将对手发放跌翻。发劲放人，要劲从足下起，传于腿，升于胁，主宰于腰，运化于胸，发于背，过肩肘，达于手指，自己鼻尖、手指尖、足趾尖三点一线，以虚中直指对方的实中，即时发之。这其中蕴藏着一个“整”字。

其实,“引”“松”“放”三者在实施过程中都体现着一个“灵”字，始终贯穿着听探与顺化相互为用的精义。

⑤ 擎、引、松、放四字，有四不能……精神不团聚者不能

在实施擎、引、松、放四字法诀时，如果失去了灵、敛、静、整的灵魂，就会出现四不能之病拳。有四种病拳其中之一者，就不能将人发放跌翻。脚手虚实不能上下相随者不能，身法无虚中统领而散乱者不能，君臣将兵周身不成一家者不能，神、意、气、劲、形、中不能六合一统者不能，此为四不能。

⑥ 欲臻此境，须避此病；不然，虽终身由之，究莫明其精妙矣

要想达到一触即发，挨着何处何处发的大成境界，必须要根除四不能。四不能，究其根本缘由，在于不知擎、引、松、放四字诀的精旨妙义，即劲势整，意要静，神气敛，听探与顺化相互为用要灵。

敷字诀解

敷，所谓一言以蔽之也。人有不习此技而获闻此诀者，无心而白于余。[①]始而不解，及详味之，乃知敷者，包获周匝，人不知我，我独知人。[②]气虽尚在自己骨里，而意恰在彼皮里膜外之间[③]，所谓气未到而意已吞也[④]。妙绝！妙绝！

题解

此篇是注解武谱“四字秘诀”中“敷”字诀的。从“人不知我，我独知人”一句可以看出，敷者，非发人之法，而是粘连黏随的方法。由“气未到而意已吞”一句可以知道，敷法是古传靠吃法。此法因具有不撄人之力的特点，故而备受拳家钟爱。此诀应与“四字秘诀”同观。

注解

① 人有不习此技而获闻此诀者，无心而白于余

“白于余”，此处是不相信的意思。此句是说，他人不修炼靠吃的敷法，在听到我说敷法的妙处所在时，由于无心得体会而不相信我说的事实。

② 始而不解，及详味之，乃知敷者，包获周匝，人不知我，我独知人

经过修炼，再在喂劲过程中用心体会，才知道敷法的要妙在于不撄人之力，致使对手不得劲，故其力又不能发出，而处在尴尬境界，同时又要具备“人不知我，我独知人”的功能。敷法，

是内气、外形多方面修炼而来的功夫，是一切基础功法修炼而得的。

③ 彼皮里膜外之间

对手的皮里膜外之间，正是其内劲运行的通道。意注于此，便可知其动静变化。

④ 所谓气未到而意已吞也

此是对靠吃法中外形靠内劲吞吃法式的描述。此外还有内劲靠外形吞吃的法式，两法效果相同。两法相互为用，错综变化。正是前贤所论“寄奇于偶内”的备两而用一的武备观念。

虚实图解

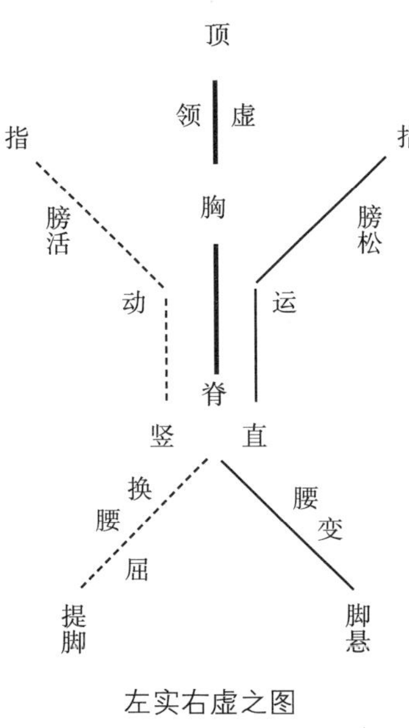

左实右虚之图

实非全然站煞，实中有虚；虚非全然无力，虚中有实。①上图②举一身而言，虽是虚实之大概，究之周身，无一处无虚实，又离不得此虚实③。总要联络不断，以意使气，以气运动。④非身子乱挪，手足乱换也。⑤虚实即是开合，走架、打手着着留心，愈练愈精，功弥久，技弥巧尚矣⑥！

题解

此“左实右虚之图”是内劲、外形的虚实匹配图示，示意的内容为：中间为身法虚领顶劲的身弓，左为实、右为虚的“形用半，劲用对五，阴阳逆从，劲形反蓄”，就是懂劲后的法式。

注解

① 实非全然站煞，实中有虚；虚非全然无力，虚中有实

内气为实，外形为虚。攻击者形去为实，劲回化气为虚；防守者形回为虚，劲去凝聚为实。

② 上图

“左实右虚之图”是鼓荡劲的内劲用法示意图。此图将外形

视为无形无象的状态，表示的是内劲的虚实，故形成了左右虚实分明的图像。如以靠法来看：向左侧靠击，图示的为明劲法式；向右靠击，图示的是暗劲法式。此是一图两法的观谱法，就是“易有太极，是生两仪”的具体运用之法。

图中“顶”字，指顶头悬。“虚领”二字，指颈项虚空领起有若无的状态；“脊”至“顶”，犹如一杆大旗直竖；“动”“运”二字，是论内气的上下升降、左右腾挪之势。“换腰”“腰变”，是说左右虚实的变换在于腰。“脚悬”二字，是说劲意在足踝。“屈”字，论的是屈膝，故有“提脚”之说。“竖”“直”二字，是说腰上拔背鞭直坚固、腰下松腰坐胯的意思。总体上，该图说的是身法功夫。

对初习拳者来说，知道了手足上下相随的虚实法式，再看此图就容易多了。这是传统拳术攻防之道对外形左右手足、肩胯起落虚实的特殊规定，并被视为一成不变的法则。手往上抬起为虚，相应的足要下落；另一侧的手下落为实，相应的足要提起为虚。此左右手足的虚实配合，关键在于腰的左右虚实。如腰左实者，则左腿足必落实，左手上起为虚以配合；腰右虚者，则右腿足必虚提，右手下落以配合。反之亦然，是谓“上下相随”。为说明上下相随动变的法则，笔者参照

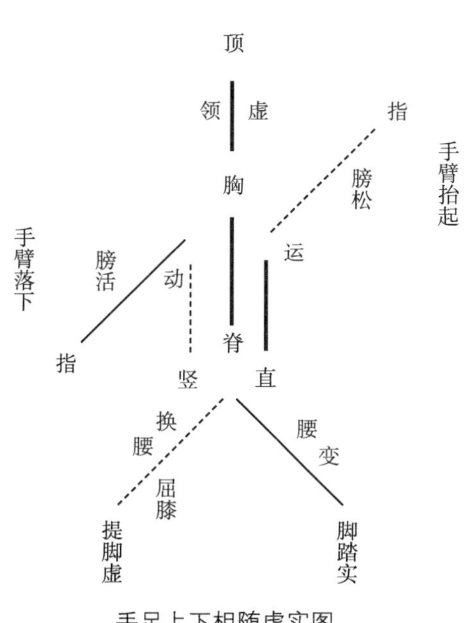

手足上下相随虚实图

上图，做了调整，名曰“手足上下相随虚实图”，供习太极拳者参考。

③ 无一处无虚实，又离不得此虚实

内气、外形柔外刚中匹配如一，阴阳逆从，劲形反蓄，用刚不可无柔，用柔不可无刚，柔中有刚功不破，刚中有柔自为坚。不管攻防之势如何运作，周身无有一处不是虚实匹配的。凡是所成之拳势，又离不得内气之实、外形之虚，以及其相互为用。

④ 总要联络不断，以意使气，以气运动

各种攻防拳势的运作总要虚实相须，内外一贯，才能势势相连而无断续之病。这就要以意的活动运使内气的运动，以内气的运动率领外形的运动，外形随内气的运动而运动。这就是“意气君来骨肉臣”练用主从的宗旨。

⑤ 非身子乱挪，手足乱换也

各种攻防拳势的生成、运行都是有起始缘由的，即起于内而形于外的内主外从之顺序。内劲要有分寸，外形要有疆界，才能将拳势打得虚实相须，内外一而贯之，势如长河。打拳并非身子无规矩地乱挪，手足无章法地乱换。有些修炼者不知此中道理，崇尚血气之横力，并以身子乱晃为美、手足乱换为是，将具有健身、技击、威力的太极拳打得面目全非。

⑥ 功弥久，技弥巧尚矣

以“意气君来骨肉臣”为宗旨，内主外从的虚实相须，内外一而贯之，即以意使气，以气运动，外形从之而动，并养成如此行拳的习惯。对练时，随人所动，随屈就伸，不丢不顶，勿自伸缩。彼有力，我亦有力，我力在先；彼无力，我亦无力，我意仍在先。要刻刻留意，挨何处，心要用在何处，须向不丢不顶中讨消息。从此做去，一年半载后便能施于身。此全是用意，不是用劲。久之，则人为我制，我不为人制矣。如此用功而又能持久的修炼，攻防技击功夫就可以逐步地由巧手升华到处处用空的妙手境界，再由妙手升华到一触即发的神手境界，最终可达到神拳神明艺境。

卷四

众谱 各家传抄太极拳经诀

太极拳经歌诀（七言四句六首）

其一

顺项贯顶两膀松，束肋下气把裆撑。①

威音开劲两捶争，五指抓地上弯弓。②

其二

举动轻灵神内敛，莫教断续一气研。③

左宜右有虚实处，意上寓下后天还。④

其三

拿住丹田练内功，哼哈二气妙无穷。⑤

动分静合屈伸就，缓应急随理贯通。⑥

其四

忽隐忽现进则长，一羽不加至道藏。

手慢手快皆非似，四两拨千运化良。⑦

其五

掤捋挤按四正方，採挒肘靠斜角成。

乾坤震兑乃八卦，进退顾盼定五行。⑧

其六

极柔极刚极虚灵，运若抽丝处处明。

开展紧凑乃缜密，待机而动如猫行。⑨

题解

六首有关太极拳修炼、建体、致用的经典歌诀，各有所论的主题。

第一首歌诀主要论述身法五弓，从足弓的细节处着眼，暗含手弓、臂弓、身弓、腿弓的内容。

第二首歌诀主要论述内气的基本运用法则，以及内气、外形匹配合一的虚实妙用。此歌诀强调，内气的修炼、运用是后天返先天的基础功夫。

第三首歌诀主要论述内气功夫，是由“气沉丹田德润身”的方法修炼而得的，具备动分静合的哼哈二气。施招用手、施手用招，一定要顺随为法，才能将拳法一理贯通。

第四首歌诀主要论述内气、外形刚柔互用的错综变化。达到太和一气的妙境，才能达到一羽不能加、不撄人之力的神明艺境，也就具备了“牵动四两拨千斤”的攻防功夫。这不在于手动的快与慢，而在于黏走相生、化打合一的实施。

第五首歌诀主要论述了掤、捋、挤、按、採、挒、肘、靠四正四隅之八法和进、退、顾、盼、定五步法。

第六首歌诀主要论述运用五行八法的太极拳术要柔极生刚，才能得到虚灵妙境的真功夫，运劲如抽丝，还要明白让力头、打力尾的“避向击背”法式，才能静以制动，动若猫之轻灵，内动而令他人不知。

总之，这六首歌诀论述了太极拳修炼的基本标准，是修炼者必须要精心研究的。

注解

① 顺项贯顶两膀松，束肋下气把裆撑

身法要领：上有虚领顶劲的顶头悬，沉肩坠肘的两膀松活；下有收束肋中之气的尾闾中正神贯顶，以及撑裆开胯的底盘稳健。

原谱“束肋”为“束烈”二字，文理、文法皆不通，亦有写作“束肋”的，而“束胁”为是。“肋”与“胁”是有区别的，“肋”通指肋骨，“胁”指腰至腋下的软组织部位。有前贤对《内功四经·纳卦经》注解：“胁者，协也，如鱼有腮，一开一合，气有升降矣。合则下协于丹田，后协于两肾，中间一股大气，自盖骨下从两裆内直沉至涌泉穴而止，复向后由足大筋向上翻出，自两委中穴上由尾闾穴透入夹脊，则与胁相交。……胸虽出而不高，胁虽闭而不束，虽张而不开，此中元妙，有难以口授者。胁须以意出，以气胜，以神率，则为合式，非出骨出肉出筋也。用胁以气之呼吸为开闭，以手之出入为开闭，以身之纵横为开闭，若求之于骨肉皮血之间则左矣。”据此，将“束烈”更正为“束胁”。

收束胁中内气，下入肚脐，再由肚脐收入腰中命门穴，由命门穴将内气分两股至股骨外端，内劲以会阴穴为中心，将股骨外端左右对拔撑开。此即拳家所说的“撑裆开胯”。这样，底盘自然稳健，步法动变就灵活自如了。

② 威音开劲两捶争，五指抓地上弯弓

撑裆开胯的目的是增强两拳对拉拔长的争力。何谓争力？《拳经拳法备要》中说“前手如推石柱，后手如扯拗马”。争力就是两手劲势相反，又相互吸引呼应的劲势，是古拳谱中“身如绳束”的周身一家的劲势在双手间的体现。撑裆开胯的劲势，又有利于双足的五趾抓地。足弓弯起，即足弓要扣，双足才能进退辗转敏捷稳健而得力。结合前两句诀言的精义，以全身的身法而言，“上弯弓”三字，有腿弓、身弓、臂弓的含义在内。

撑裆开胯，是两胯尖头的左右争力；两捶争力，是“前手如推石柱，后手如扯拗马”的开弓法式。这体现了上以下为根的呼应之法式内容。对争法式动作的正确与否，不在于力量运用的大小，而在于劲意对拉是否正确。

“威音”，是丹道内功雷音的功夫艺境，形意拳术语曰“虎豹雷音”，指内劲神明的知来藏往的自动化能力，即寂感遂通的功夫艺境。内功修炼过程中出现的狮吼虎啸、虎豹雷音、震雷轰鸣等声音都谓之威音，而鸾吟凤鸣、潺潺流水及海潮等声音，则尚不能称为威音。

③ 举动轻灵神内敛，莫教断续一气研

身法以备，攻防进退的招式亦以轻灵为佳。何谓轻灵？即如蜘蛛游网，发招用势似荷叶滚珠。具体地说，就是身轻如羽、撑拳托掌若风烟的不撄人之力的法式，达到“来无影，去无踪，一阵清风疏忽”的制胜效果。这需要神气内敛，即心能普照自身，达到气自周全的火候。

这就要求自己的攻防拳势势如长河，滔滔不绝，连而不断。如果出现劲势断而不接的情况，则要懂得续接的方法，就是“劲断则意连，意断则神连”的方法。自身攻防机制为内主外从的关系，神圆意方，神到则意到，意到则气到，气到则力到，故而形断则气连，气断则意连，意断则神连，神内敛则圆融，故而无断。所以说，莫教拳势出现断而不接的情况，如果出现，不管是在哪一层面上断的都要及时续接补救。若要保证拳势不出现断而复接的情况，就要将一气周全圆融研究清楚。根据拳理，神气本一圆融道体，即自己的法身道体。这个法身道体具有知来藏往的功能，故而无断才能势如长河滔滔不绝、攻防势势相连。这就需要不断地修炼气贯周身的法式。《浑元剑经》曰：“气随心到，心逐气穿，心能普照，气自周全，久而力自加焉。式如行云流水，无停无滞，瞬息存养，动静清轻而灵，入手神妙，可以进退如意。”

④ 左宜右有虚实处，意上寓下后天还

攻防拳势为左攻右防、右攻左防、上攻下防、下攻上防。攻防部位不同，则自身虚实匹配的具体部位、程度亦不相同，但是内气健之体为实，外形顺之体为虚，内实外虚匹配如一的法式不会变。因为自身具有内气、外形阴阳逆从、劲形反蓄的双控机制，故而每一拳势中都能自觉地做到有左必有右、有右必有左，意上则寓下、意下则寓上，势势自然而圆融。

⑤ 拿住丹田练内功，哼哈二气妙无穷

修炼太极拳的内劲功夫，有静炼法式、动炼法式两种。此两句口诀是说打展手的吐气开声，详细内容可看该书卷二“打手撒放”一节。

⑥ 动分静合屈伸就，缓应急随理贯通

动分为阳，静合为阴。内气、外形匹配如一，阴阳逆从，劲形反蓄，则种种攻防拳势中自然体现出静中有动、动中有静，静动互为其根。攻则为动，守则为静，攻防动静皆从他力取法，自然是随屈就伸而不妄为；急则急应，缓则缓随，与道的应物自然一理贯通。

⑦ 忽隐忽现进则长，一羽不加至道藏。手慢手快皆非似，四两拨千运化良

太极拳粘连黏随之攻防技法中具体有内气、外形匹配合一的三种基本法式：内吃外靠法、内靠外吃法、黏走相生法。三法交互而用，源源不断，故曰“忽隐忽现进则长”。采用顺随的靠吃法、黏走法，自有不撄人之力的巧妙存在，人不知我，我独知人，动急则急应，动缓则缓随，不存在手快手慢的线速度因素的影响。单纯强调手法速度之快慢、力气之大小，都不是太极拳攻防的关键，顺随以为进退的四两拨千斤才是化解对方攻势的最佳

良方。

⑧ 掤捋挤按四正方，採挒肘靠斜角成。乾坤震兑乃八卦，进退顾盼定五行

八卦、八势、五行等相关内容见前文介绍。

⑨ 极柔极刚极虚灵，运若抽丝处处明。开展紧凑乃缜密，待机而动如猫行

太极拳术攻防之道的修炼法则，如杨谱中所说："太极之武事，外操柔软，内含坚刚。而求柔软之于外，久而久之，自得内之坚刚。非有心之坚刚，实有心之柔软也。所难者，内要含蓄坚刚而不外施，终柔软而迎敌，以柔软而应坚刚，使坚刚尽化无有矣。"

"刚极虚灵"，就是"健顺合之至，太和一气"的身体，如同九重天的纯阳之体。此纯阳之体，已达全体透空之虚灵妙境。

由于在气、意拳懂劲的功夫阶段，内劲在体内运行细腻熨帖，犹如抽丝一般，故内劲运行的种种状态得以时时处处心明如镜，运用起来自能得心应手，拳势之内气、外形的开展与紧凑，曲直、方圆变化自能缜密无间。以此功夫与人较技，亦执清静无为待机而动的法则，人不能知我，我确能独知人。

太极拳经歌诀诠解

举步轻灵神内敛：举步周身要轻灵，犹须贯串，气宜鼓荡，神宜内敛。①

莫教续断一气研：勿使有凸凹处，勿使有断续处，其根在脚，发于腿，主宰在腰，形于手指。由脚而腿而腰，总须完整一气，向前退后，乃得机得势。有不得机得势处，其病必于腰腿间求之。②

左右宜有虚实处：虚实宜分清楚，一处自有一处虚实，处处总此一虚实。上下前后，左右皆然。③

意上寓下后天还：凡此皆是意，不在外面，有上即有下，有前即有后，有左即有右。如意要向上，即寓下意，若将物掀起，而加以挫之之力，则其根自断，必其坏之速而无疑。周身节节贯串，勿令丝毫间断耳！④

题解

此文着重解释了“举步轻灵神内敛，莫教续断一气研，左右宜有虚实处，意上寓下后天还”四句诀言的精旨妙谛。这四句诀言的关键在于自身的内气、外形，柔外刚中，阴阳逆从，劲形反蓄的匹配如一。

注解

① 举步轻灵神内敛……气宜鼓荡，神宜内敛

太极拳术攻防之道做到举步轻灵敏捷、周身轻灵如羽，就是

"来无影，去无踪，一阵清风倏忽"，才能不撄人之力。尤其需要虚实相须，内外一而贯之。内气要腾挪鼓荡，神宜内敛入骨，才能内文明而外柔顺。

② 莫教续断一气研……其病必于腰腿间求之

劲之根起于脚，传于腿，主宰在腰，运化于胸，发于背，过肩肘而形于手指。由脚而腿而腰，总须完整一气，向前退后，乃得机得势。攻防动变中，自身有不得机不得势的部位，当在腰腿功夫间求之，自然能调整至得机得势。

③ 左右宜有虚实处……上下前后，左右皆然

以体而言，自身内气为实，外形为虚，内气、外形柔外刚中匹配如一，乃周身总虚实。以用法而言，攻防手的左右亦分虚实，身法左右亦分虚实，基本上是攻击侧为实，防守侧为虚，惊者为虚，实取者为实。

④ 意上寓下后天还……周身节节贯串，勿令丝毫间断耳

攻防拳势有上起之势，就寓含着下落之机势；有向前的趋势，就寓含着后退的机势；有左手的攻击之势，就寓藏着右手的攻击机势。如果意要向上，就寓含向下之意。例如，将物掀起，而要加以下挫之力，则其根自断。这就需要自己周身节节贯串，勿令有丝毫间断，才能达到最佳效果。

太极拳打手约言（四言四句）

要问打手，何为真谛？①
顺人之势，借人之力。②

题解

健顺合之至，太和一气，谓之太极。故太极拳就是以意使气，推行太和一气流行的拳法。与他人较胜负，又如何推行太和一气流行以制胜呢？这就是本歌诀要回答的问题。“顺人之势，借人之力”，这个答案简单精确。恐怕不仅仅是太极拳，传统拳术各门派、拳种的施手用招、施招用手，无不是顺人之势、借人之力以制胜。

注解

① 要问打手，何为真谛

打手，包括太极推手和比武较技。真谛，指最根本的体用。此论运用的真谛就是顺势借力的方法和准则。古论：“体非无以立其大本，用非无以彻其元功。”

② 顺人之势，借人之力

打手的真谛就是顺从以为进退的四两拨千斤和逆力以为揭献的借力打人两个基本法式。逆力以为揭献的借力打人法式，分为形拳招熟的立体三角对法，气、意拳懂劲的斜横破直、直破斜横的对法，神拳神明的球形膨胀对法。

太极拳打手要诀（四言四句）

筋骨要松，皮毛要攻。[①]
节节贯串，虚灵在中。[②]

题解

上文歌诀《太极拳打手约言》论述了打手的用法，这首歌诀本着“万化生乎身”的法则进一步论述了自身外形、内气应具备的打手之基本功夫。针对这两首要言、要诀，习拳者不能因为其字少短小而忽略之，更应精细研究，方能得太极拳练、体、用之精髓。

注解

① 筋骨要松，皮毛要攻

这两句说的是外形的筋、骨、皮之基本功夫。全身的筋骨要松静灵活，方能善变无形又无穷，达到有形如流水、无形如大气的艺境，此为外形的真功夫。“皮毛要攻”有两个含义：一是皮毛听探知人的功夫，二是内劲运用的功夫，即人方挨我皮毛，我之劲意以入其骨里，接定彼劲，彼必跌出。

获得此功夫的修习者，始终贯彻“意气君来骨肉臣”的修炼宗旨，经历了形拳招熟，气、意拳懂劲，而至神拳神明的功夫艺境。正如《九要论》中所言：“盖气以日积而有益，并功以久练而终成。观圣门一贯之传，必俟多闻强识之后，才能豁然之境，不废格物致知之功，始知事无难易，用功惟自进，不可躐等，不可急遽；按步就序，循次而进，百骸肢节，自有贯通，上下表里，自不难联络，庶乎散者统之，分者合之，四体百骸，终归于一气而已矣。”

② 节节贯串，虚灵在中

这两句主要论述内劲的基本功夫。古谱云：“内劲寓于无形之中，接于有形之表，而难以言传，然思其理，也可知之。”内气的运行，周到均匀而细腻。

“节节贯串”，指周身三百六十五节神气流行交会之所在，简单地说，就是一身九节的节节贯串，即太和一气的流行无间断。

“虚灵”，指内劲的功夫。“在中”，即内劲处在中枢位置，而又中正，并非指外形之中。这样，理解“健顺合之至，太和一气也，名之曰太极”的精义也就容易了。

合而观之，阳刚之内气、阴柔之外形，一阴一阳相互为用，须臾不可离也。必须达到有形如流水、无形如大气的艺境，才能叫太极拳。诀云“造乎神者，方称为法；化乎一者，始谓之拳”，讲的就是这个道理。

打手身法歌（七言八句）

较技争雄莫让人，精敛神聚自听真。①
被打欲跌须雀跃，巧挤逃时要合身。②
拔背含胸合太极，裹裆护肫踬五行。③
学者悟透其中意，一身妙法豁然能。④

题解

与人比武较技的方式，名曰“打手”。此歌诀简明扼要地将手法、身法、步法三法合一的规矩及要领做了一番阐释和说明。此歌诀将重点放在了上身的胸背、下身的裆部，同时说明了以听探用顺化的攻防机制的重要性。修炼太极拳术攻防之道者，一定要悟透这些体用的基本关系才能对一身种种攻防巧妙之法融会贯通。

注解

① 较技争雄莫让人，精敛神聚自听真

对比武较技，应当持什么态度？应该如何对待？陈鑫《太极拳经谱》提道：“我守我疆，不卑不亢。九折羊肠，不可稍让；如让他人，人立我跌。急与争锋，能上莫下；多占一分，我据形胜；一夫当关，万人失勇。”既然是较功夫之强弱，参与者必要认真对待，这才是尊敬对方、爱护对手。知不足而能后进，不断地总结失误之所在，并自觉地如法改正，才能提高攻防艺境，这对双方都是有益的。

古拳谱《苌氏武技书》说:“神必借精，精必附神，精神合一，气力乃成。夫乃知气力者，即精神能胜物之谓也。无精神，则无气力矣！武备知此，惟务聚精会神，以壮气力。”此论中“以壮气力”，说的是听探之良知、顺化之良能，以及其相互为用的能力。故曰“自听真”，只有如此，才能听探、顺化得真切而无差误。

② 被打欲跌须雀跃，巧挤逃时要合身

双方较技，形势瞬息万变，被打的情况时有发生，谁都难以避免。一旦发生被打欲跌的紧急情况，可运用雀步救险。雀步，就是双足同时腾起蹦跳飞跃的步法。然而对方运用巧妙的挤法时，我又不能原地化解，一定要选择拧转、旋转、纵跃等法，才能干净利落，化险为夷。不管是被打欲跌，还是对方的巧挤使自己势危，都要用法合身及时，才为上策。

③ 拔背含胸合太极，裹裆护肫踬五行

“拔背”，即腰背要拔，腰脉提，再将劲意敛至肉底层，则腰背呈上下平直状态。“含胸”，由于气贴背、沉肩坠肘，则劲意在皮里肉外，故肩背呈圆形状态，前胸平而劲意内敛，则呈前空后丰的状态。前后合而观之，则成天圆地方的太极之象，故曰“合太极”。

“裹裆”，指通过泛臀、敛臀、裹臀、溜臀、勾臀、翻臀而置尾闾中正。只有尾闾中正，神气才能贯顶，再辅以“满身轻利顶头悬”，才能身弓具备。“肫”，通指禽类的胃部，俗称“食嗉子”，指盛食物的软囊，如鸡肫。以此理解，“护肫”指双手不离胸，是无关下盘腿法的功夫。有拳谱写作“裹裆护臀”，此与拳法不相合。根据歌诀的整体布局来看，此句写作“裹裆护阴踩五行”是合适的，正与“拔背含胸合太极”一句的上身身法相对应，此句体现的是下身身法。有了如此身法，才能实现“被打欲跌须雀跃，巧挤逃时要合身”的用法目的。

“踙五行”中“踙”字，为“踩”字的另一种写法。“五行”，指五行步法，以太极拳法论，就是进步、退步、左顾、右盼、中定，与五行火、水、木、金、土相匹配。故知，此歌诀确应是“裹裆护阴踩五行”，是专讲下盘步法功夫的。

太极拳五行步法图

④学者悟透其中意，一身妙法豁然能

修炼太极拳术攻防之道者，能够具备“拔背含胸合太极，裹裆护阴踩五行”的身法，又能做到“较技争雄莫让人，精敛神聚自听真”的心态，并具备听探、顺化的功能，自然可在较技过程中及时做到“被打欲跌须雀跃，巧挤逃时要合身”，避实击虚，反败为胜。

十三势打手歌诀（七言八句）

形用半兮劲对五，阴阳逆从妙法存。①
掤捋挤按须认真，採挒肘靠就屈伸。②
进退顾盼与中定，粘连黏随虚实分。③
手足相随腰腿整，引进落空妙入神。④

题解

此歌诀是对掤、捋、挤、按、採、挒、肘、靠之八法，进、退、顾、盼、定（中）五步，共计十三势攻防运用方法的具体论述。此歌诀的关键在于开始的“形用半兮劲对五，阴阳逆从妙法存”句和结尾的“手足相随腰腿整，引进落空妙入神”句。

注解

① 形用半兮劲对五，阴阳逆从妙法存

根据“易有太极，是生两仪”来观察一身之外形，自然是一半用于攻击，一般用于防守，转换后亦如是，故曰“形用半”。既然“形用半”，那么其所匹配的内劲亦要分为两份。内劲无形，不能以形计之，故只好用数言之。自然数之一、三、五、七、九，天地五阳数，用于攻击之半；二、四、六、八、十，天地五阴数，用于防守之半。此即“劲对五”的说法。

阴柔之外形，阳刚之内气，内外匹配如一，是暗劲逆从的法式。正如诀言：“势若去时要猛狠，意旋回时身步稳。”此乃劲形匹配的巧妙，能够实施黏走相生、化打合一以胜人，自有“一羽不能加，蝇虫不能落。人不知我，我独知人”的攻防能力。

② 掤捋挤按须认真，採挒肘靠就屈伸

掤在两臂，捋在掌中，挤在手背，按在腰攻，四正法各有所用部位、所用劲意，所攻之法不尽相同，故需要习太极拳者精心揣摩、认真体会，方能得其致用的要妙。採在十指，挒在展肱，肘在屈使，靠在肩胸，四隅法的攻防部位、方法、劲势不尽相同，故需要习太极拳者在修炼中体认清楚。运用四隅法的关键在于随屈就伸，皆从他力取法，这样才能显示出诸法的神奇妙用。

③ 进退顾盼与中定，粘连黏随虚实分

上述掤、捋、挤、按、採、挒、肘、靠八法的实施，都是在步法的进、退、顾、盼、定中完成的，更重要的是要时时保持中土不离位。粘之虚连，随之实黏，一点子黏走相生，化打虚实分明。

④ 手足相随腰腿整，引进落空妙入神

能够完成上述攻防技法的关键在于手足的上下相随。手足的上下相随得以实施的关键在于腰的左右虚实转换的灵敏。如此，方得以运用粘连黏随的方法，将对手引进落空而又及时刚发以胜之。所谓妙入神者，就是实施黏走相生、化打合一的无为法式，人不知我，我独知人。能够在对手不知不觉中实现胜人，故谓妙法入神。

十三势行功心解

以心行气，务令沉着，乃能收敛入骨。以气运身，务令顺遂，乃能便利从心。①

精神能提得起，则无迟重之虞，所谓顶头悬也。②

意气须换得灵，乃有圆活之趣，所谓变转虚实也。③

发劲须沉着松静，专主一方。立身须中正安舒，支撑八面。④

行气如九曲珠，无微不到。运劲如百炼钢，何坚不摧？⑤

形如搏兔之鹘，神如扑鼠之猫。静如山岳，动若江河。蓄劲如开弓，发劲如放箭。曲中求直，蓄而后发。力从人借，劲由脊发，步随身换。收即是放，放即是收，断而复连。⑥

往复须有折叠，进退须有转换。极柔软，然后极坚刚；能呼吸，然后能灵活。气以直养而无害，劲以曲蓄而有余。⑦

心为令，气为旗，腰为纛。先求开展，后求紧凑，乃可臻于缜密矣！⑧

又曰：先在心，后在身。腹松净，气敛入骨。神舒体静，刻刻在心。切记一动无有不动，一静无有不静。⑨牵动往来气贴背，敛入脊骨。内固精神，外示安逸。迈步如猫行，运劲如抽丝。全身意在精神，不在气，在气则滞，在意则灵。有气者无力，无气者纯刚。气如车轮，腰似车轴。⑩

题解

此篇与武禹襄《十三势行功要解》一文相互对照观读，效果

更佳。这两篇文章都是解释王宗岳《十三势歌诀》之练用精义的。凡修炼太极拳术攻防之道者，必须精心阅读此三篇经典文章，如法认真修炼，自己一一对照，功成艺就有望矣。

注解

① 以心行气，务令沉着，乃能收敛入骨。以气运身，务令顺遂，乃能便利从心

此“心”，指意识活动。此“气”，指在丹田修炼成的真元之气，即内劲。内气收敛入脊骨内，由腰上升至两肩入臂膊至肘手为开，由两手肘回至两肩复下至腰为合。此乃“命意源头在腰隙”的精义。以气运身者，遵从内主外从的法则，气主形从，气率形动，外形从内气而动静，则不会妄行乱动。务令周身外形顺随内气的运行而运动，纯任自然，乃能外形从心而动，静中触动动犹静。此是“便利从心”之精义。此论又一次说明太极拳术攻防之道的“意气君来骨肉臣”之宗旨。

② 精神能提得起，则无迟重之虞，所谓顶头悬也

精神能提得起，就是虚领顶劲的顶头悬。正所谓“一神领起，全身无懒骨”。身法中正安舒，不偏不倚，自然攻防动变没有迟缓滞慢的病拳现象。身法乃体也，以体求用，乃正确顺序。

③ 意气须换得灵，乃有圆活之趣，所谓变转虚实也

触处成圆，需要意气换得灵，外形才有圆活之趣味，说的就是形随气动、气形合一的“转变虚实须留意”。

④ 发劲须沉着松静，专主一方。立身须中正安舒，支撑八面

立身中正安舒，自能静中触动动犹静，八面动转无滞碍。这需要内具八面玲珑的攻防机制，才能运用自如。发劲时外形松静

沉着则有根，内劲专注一方则有势，外形松得干净，内劲发得干脆。

⑤ 行气如九曲珠，无微不到。运劲如百炼钢，何坚不摧

气起于丹田，升于泥丸，降于背，入于肩，流于肘，抵于腕，至十指尖，此气之上贯也。气生丹田，入于两肾间，降于涌泉，此气之下贯也。气随心到，心逐气穿，心能普照，气自周全，久而听探、顺化及其相互为用的能力自然加强。势如行云流水，无停无滞，瞬息存养，动静清轻而灵，入手神妙，可以进退如意。此即"百炼钢"之精义。形无定门，非斜非横，忽高忽蹲，功夫到此，一触即发，无坚不摧，可谓通真而至拳道合一也。

⑥ 形如搏兔之鹘，神如扑鼠之猫。静如山岳，动若江河。蓄劲如开弓，发劲如放箭。曲中求直，蓄而后发。力从人借，劲由脊发，步随身换。收即是放，放即是收，断而复连

其形手不离胸，手不离肋，其静如山岳，威风凛凛而不可侵犯。全神贯注，蓄势如张弓，伺机似扑鼠之猫，随时都可能顺势借力，向对手发动致命（击败对手）攻击；动若江河，如搏兔之鹰隼，灵活稳准，发劲如放箭疾矢，其势不可挡。此时此景，正如拳经所言："急与争锋，能上莫下，多占一分，我据形胜，一夫当关，万人失勇。"

防守之法为曲蓄，曲蓄充足，再在曲蓄中求得直发，这里有三个内容。一曰何处直？是指方位。二曰如何直？是指方法。三曰直多少？是指分寸。求得明白、统一，才能即时发得干脆。一定要牢牢记住，力要从他人而借，机则由自己把握，劲可由自己脊中发出，步法要随身法而变换，才是正确的方法。"收"就是含蓄着发放的机势，"发"就是含蓄着收缩的机势。如果内气、外形产生断的情况，就要即时续接，如形断气连、气断意连、意

断神连。这就是“断而复连”之精义。

⑦ 往复须有折叠，进退须有转换。极柔软，然后极坚刚；能呼吸，然后能灵活。气以直养而无害，劲以曲蓄而有余

太极拳术攻防之道，因敌变化，辗转往复，须有折叠法式。进退需要转换自然，才有灵动圆活、黏走相生、化打合一、以静制动的效用。外形极柔软，才有内劲极坚刚之妙用。内气吸提呼放自然，外形才能随之灵活变化运用。修炼太极拳时，内气的随势运行就是直接保养身体的最好方法，而用于较技时的内劲要以曲蓄的法式才能用之不尽。这就是“气以直养而无害，劲以曲蓄而有余”一句的精义。

⑧ 心为令，气为旗，腰为纛。先求开展，后求紧凑，乃可臻于缜密矣

心为出令之官，气为行令之旗，内劲为将，全身各部位为众官兵，腰脊为大旗（即实中）。此处是用部队的编制来比喻自身各部位的职能。修炼时，先求攻防拳势方正开展，势势开展大方到极限，是明劲的练用法式；纯熟后再求攻防拳势的圆活紧凑，势势圆活紧凑到极小，是暗劲的法式。只有如此修炼，才能达到“皮弹抖打震死牛”的气、意拳懂劲之艺境，之后再进一步修炼“毛发松弹守三阳”的大成艺境。

⑨ 又曰：先在心，后在身。腹松净，气敛入骨。神舒体静，刻刻在心。切记一动无有不动，一静无有不静

除上文所论基本法式外，太极拳术攻防之道的修炼、运用是本着神、意、气、劲、形、中六合一统的内主外从原则。先在心明，然后身随心动而明，谓之由己。这就需要腹部松静气腾然，才能进一步气敛入骨，精神提得起，则神舒展而形体安静，自能刻刻留意在心头，听探得清楚，顺化得明白。切记，攻防之势乃

神、意、气、劲、形、中六合一统，神一动则意、气、劲、形、中无有不动，神一静则意、气、劲、形、中无有不静。这才是动静分明而有序的周身一家之攻防功夫。

⑩ 牵动往来气贴背，敛入脊骨。内固精神，外示安逸。迈步如猫行，运劲如抽丝。全身意在精神，不在气，在气则滞，在意则灵。有气者无力，无气者纯刚。气如车轮，腰似车轴

太极拳攻防变化遵从“以不动之腰脊，催动动之手足”的内主外从法则。故而，攻防手法的牵动往来都要有内气贴背，而内气要敛入脊骨内才能开合升降运行自如，且不令人知道。这样气动形静的法式就是“内固精神，外示安逸”的精义。迈步之劲意在足踝，进退辗转步法圆转自如，谓之“如猫行”；劲势运行均匀，谓之“运劲如抽丝”。太极拳的运动是意气运动，全身之意在于专注法身道体的运动，而不在口鼻的呼吸上。如果将一身运动之意专注在口鼻呼吸上，则一身的运动就会受到口鼻呼吸的制约而滞阻，故曰“在气则滞，在意则灵”。以口鼻呼吸带动全身运动是自然之力的表现，无口鼻呼吸之气者，自然之力纯刚无比。内气周身运转如车轮，腰为中枢似车轴，触之能左右运转自如，而应物自然，如有神助一般。

十三势行功[①]心诀（三言四句）

轻则灵，灵则动[②]；动则变，变则化[③]。

题解

这是针对掤、捋、挤、按、採、挒、肘、靠之八法和进、退、顾、盼、定（中）五步，共计十三势之修炼、致用的总诀，故名曰“心诀”。心诀的关键在于尚意不尚力。此心者，指理心、道心。道心，是“以天心为体，以元神为用”的体用一元之道。总的来说，此心诀实际上是论述听探之良知、顺化之良能，以及其相互为用的能力。

注解

① 行功

行使十三势功法的心得秘诀包括修炼功法和致用功法。可参照李亦畬的“五字诀”。

② 轻则灵，灵则动

“灵”字，有写作“伶”字的，意义无异。以体言，全体透空的虚灵妙境则轻；以用法说，不撄人之力者则轻。轻虚则灵，轻灵到一羽不能加、蝇虫不能落，灵动到不撄人之力则人不知我、我独知人。“来无影，去无踪，一阵清风倏忽”的灵动，才是真功夫。

③ 动则变，变则化

只有轻灵的动，才能具备变通转换的能力，才能化解对手的攻势。

身法十要（四言十句）

提起精神，虚灵顶劲①，含胸拔背，松肩坠肘，气沉丹田②；手与肩平，胯与膝平③，尻道上提，尾闾中正④，内外相合⑤。

题解

“身法十要”，就是建立自身攻防机制的十处重要点位。这十处重要点位可与前面的“身法八要”结合观之。

注解

① 提起精神，虚灵顶劲

提起精神，就是古谱中所言的“擎”，即“未交手先将中气吸聚中宫，腹满坚硬，全体振动，勃然莫遏。如行军未付之，先予将将士聚齐，号令严明，鼓其勇气，以待敌兵，士气有根”。按身法而言，就是“尾闾中正神贯顶”。正如拳诀所说：“头若顶千斤，颈如搬树转。”若做到了，就是提起精神。

虚灵（领）顶劲者，乃拳谱中“满身轻利顶头悬”的身法功夫。

综上，这两句讲的就是古谱中“尾闾中正神贯顶，满身轻利顶头悬”的身法功夫，只是在这里换了一种说法而已。

② 含胸拔背，松肩坠肘，气沉丹田

背分腰背和肩背两部分。腰背，指腰至肩胛骨下边沿；肩背，指肩胛骨下边沿至大椎、两肩头之间。身法功夫要求：腰上拔背，即腰脉逐节上提至肩胛骨下边沿，并将劲意向前收敛至肉底层部位，腰脉松活；肩背要圆活，胸平前空谓之含胸，而气贴背则肩背自然圆活灵通。这样方才符合背圆胸方的前空后丰之攻防机制，是含胸拔背的直接目的。

背圆胸方，必须有肩井穴处的肌肉松静，方能使肩头沉下，而双肘自然产生下坠之势。松肩坠肘做得正确，才有利于背圆含胸，又可自然产生肩撑肘横的圆满劲意，以为攻防灵活变通之用。

以上含胸拔背之身法功夫做得正确，皆赖于气沉丹田的功夫。气沉丹田，内劲生成，以内劲的运行来逐步调整自己身法的各个部位，就容易做得正确。

气沉丹田在致用中具有定砣以使身法稳健的作用，而人在较技攻防中也不会喘满憋闷。正如诀言："翻复回旋身辗动，煞手休将气放怀。"

③ 手与肩平，胯与膝平

双手护胸前，"手与肩平"，指前手的手腕而言；"胯与膝平"，指胯要稍高于膝头。正如拳谱所言："下盘之门户在膝，宜平分内里，不可外开。若开足尖亦开，下盘必不密矣。要在略带压下跪势，仗身法坐至将平即住。若过于坐平则腿力不坚，腰曲无力，种种失真矣。此法不必拘，要在能者变用耳。"此论述的是中盘架势。

④ 尻道上提，尾闾中正

尻道，即前至前阴、后至尾闾的部位。有言肛门部位，名曰谷道者。"尻道上提"，乃武术术语，有的说是提肛，具体地说应是用适度的劲意收敛会阴底肌，使内气上翻入丹田中，术语名曰"翻臀"。提肛，在裹臀时就已经自然做到了，故而不必再单独考虑。

“尾闾中正”，这需要松腰、坐胯、泛臀、敛臀、裹臀、溜臀、勾臀、翻臀八个连续动作才能将会阴穴置于下盘的中央位置，神才能上贯至头顶百会穴处。

⑤ 内外相合

这里有两层意思：一是内气、外形相互为用，可以调整好身法，使之符合攻防机制的要求，谓之建体；一是有了正确的身法功夫，才能在比武较技中有利于发挥内气、外形相互为用的攻防功能，即柔化刚发、以柔用刚、一点子黏走相生、化打合一的功能。

练法十要（四言十句）

不强用力，以心行气[①]；

步如猫行，上下相随[②]；

呼吸自然，一线串成[③]；

变换在腰，气行四肢[④]；

分清虚实，圆转如意[⑤]。

题解

通过上文身法十要的规矩可建立起基本的攻防机制。又如何修炼由己的周身一家功夫呢？此“练法十要”正是解决这个问题的。这是修炼由己功夫的内容。

注解

① 不强用力，以心行气

太极拳是意气的运动。外形的筋劲骨力只要能支持自身随意的运动就可以了，不需要强行格外用力。筋劲骨力用多少合适呢？前贤说：“举手之劳，立身之力。”此乃“不强用力”的精义。

初炼时，以意念运行内气，使外形随之运动；后期修炼时，自己的道体法身功德圆满，自然是以天心为主，一气之天然流行。此两者皆谓“以心行气”，但有功夫艺境高低之不同。

② 步如猫行，上下相随

劲意放在双足踝处，脚下自然绵软敷平，运用步法的进退辗转时，双足与地面的摩擦力自然增强，故而步法动变轻灵敏捷，如猫行走。

“上下相随”，是在外形上手起足要落、手落足要起的四象变化法则。可参考李亦畲“虚实图解”中的“手足上下相随虚实图”。

③ 呼吸自然，一线串成

此“呼吸”，并非指口鼻之呼吸，而是内气吸提呼降、吸吞呼发的运行法式。内气的吸提呼降、吸吞呼发要流畅自然，谓之呼吸自然，就是周身犹如一线串成。正如《五字诀》中所说“劲起脚根，主于腰间，形于手指，发于脊背”，周而复始而无断续之处。

④ 变换在腰，气行四肢

腰为一身上下之中枢，一是主管外形的上下相随之虚实动变，二是主管内气的升降开合，故曰“变换在腰”。内气从腰上贯可至双手指梢，下贯可达双足趾梢。此为“气行四肢”的精义。前贤有论，以资对照，录之如下。

气贯周身法

夫气起于丹田，升于泥丸，降于背，入于肩，流于肘，抵于腕，至十指尖，此气之上贯也。气生丹田，入于两肾间，降于涌泉，此气之下贯也。气随心到，心逐气穿，心能普照，气自周全，久而力自加焉。势如行云流水，无停无滞，瞬息存养，动静清轻而灵，入手神妙，可以进退如意，形无定门，非斜非横，忽高忽蹲。功夫到此，可谓通真。（《浑元剑经》）

⑤ 分清虚实，圆转如意

以体言，则内气为实，外形为虚；以用言，则用内气为实，用外形为虚；以内外匹配而言，则攻击者形去为实，劲回化气为虚，防守者形回为虚，劲去凝聚为实。尚有惊法者为虚，真取者为实。或出虚惊手法而敌不管之，即变为实取之手法为用，乃似惊法实取法也；或出实取手法而敌管之，即变为虚惊之手法以为用，乃似取法实惊法也。虚惊实取，全在自用之妙尔。此谓“分清虚实”。

若上述九条都做到了，自练时心能普照，气自圆满，身能随心所动，是为由己的功夫成了，即“圆转如意”。

太极拳十三字论

杜元化

圆、上、下、进、退、开、合、出、入、领、落、迎、抵，命名十三式。[①]总而合之，为十三，因各有效用，故不得不别之为十三。其中所包一圆、两仪、四象、八卦，各有秘诀，一丝不紊。一太极图之中而十三式俱现，秘莫秘于此矣。[②]

七步功夫说[③]：

一圆即太极：此层从背丝、缠丝分出阴阳，其练是缠法，其用是捆法。[④]

上下分两仪：此层阳升阴降，阳轻阴重，其练是波澜法，其用是就法。[⑤]

进退呈四象：此层半阴半阳，纯阴纯阳，互为往来，其练是蛋虫法，其用是伏贴法。[⑥]

开合是乾坤：此层天地相合，阴阳交合，其练是抽扯法，其用是撑法。[⑦]

出入综坎离：此层火降水升，水火沸腾，其练是催法，其用是回合法。[⑧]

领落错震巽：此层雷风鼓动，有起有伏，其练是抑扬法，其用是激法。[⑨]

迎抵推艮兑：此层为口为耳，能听能问，彼此通气，其练是称法，其用是虚灵法。[⑩]

题解

此“太极拳十三字论”，是杜元化先生根据自己修炼、体认总结后提出来的。他从另一个角度论述了太极拳的修炼、建体、致用，以及攻防艺境。初看似别开生面，究其实质亦无差异，观注解后读者自能知之。

注解

① 圆、上、下、进、退、开、合、出、入、领、落、迎、抵，命名十三式

将圆、上、下、进、退、开、合、出、入、领、落、迎、抵，命名为十三势，这是杜元化先生自己的立意。这与掤、捋、挤、按、採、挒、肘、靠、进、退、顾、盼、定的十三势太极拳说，并无差异。

② 一太极图之中而十三式俱现，秘莫秘于此矣

在太极图中，圆、上、下、进、退、开、合、出、入、领、落、迎、抵十三势俱能显现，而太极拳的修炼、建体、致用，以及攻防艺境之秘诀，皆在其中。

③ 七步功夫说

杜元化先生所论的七步功夫或七层功夫说，实际上是攻防中的七个功夫技法。当然，这里亦含有功夫层次上的差别，但不是七层功夫，亦非七步功夫。

以传统拳术攻防之道的“法分三修，游历三境，九个阶段，成功一也”来看，修炼层次可分为九个阶段，即形拳招熟的骨力、筋发、招熟三个阶段，气、意拳懂劲的逆从、黏走、皮打三个阶段，神拳神明的三阳、凌空、神化三个阶段。另有一种三层

功夫的说法，历代拳家对其认识、论述是比较一致的。如王宗岳的着熟、懂劲、神明的三层功夫说，形意拳的明、暗、化三层功夫论，《内功四经》的形、气、神三层艺境分法。其实，就攻防功夫的修炼、建体、致用的实质来看，杜元化先生的十三势和七步功夫说与其他太极拳家的论述并没有太大的区别，只是认识角度和表达方式的不同而已。对一个修炼到能以文观法、以形鉴真的修炼者来说，自然能清楚杜元化先生所论述的精妙所在。

④ 一圆即太极：此层从背丝、缠丝分出阴阳，其练是缠法，其用是捆法

此圆者，即自己的法身道体，太和一气之圆满的体象。关于此法身道体的论说，历来圣贤皆有描述，录之于下。

就功能而言，禅宗六祖慧能说：

> 一切万法，不离自性；何期自性，本自清净；何期自性，本不生灭；何期自性，本自具足；何期自性，本无动摇；何期自性，能生万法。（摘自《六祖坛经·行由》）

就境界而言，孙禄堂说：

> 惟身体如同九重天，内外如一，玲珑剔透，无有杂气掺入其中。心一思念，纯是天理，身一动作，皆是天道。故能不勉而中，不思而得，从容中道，此圣人所以与太虚同体，与天地并立也。

背丝者，即“8”字运行的劲势；缠丝者，即内气、外形双曲螺旋的劲势动变。“其练是缠法”，就是顺逆缠丝法，也叫阴阳

逆从、劲形反蓄法。

“其用是捆法”，内气、外形顺随而用的内吃外靠、外吃内靠两种技法，可造成一点子黏走相生、化打合一的拳势，虽不打敌而敌莫敢乱动，对手如站在圆石上一般，不动都欲跌倒。故此内吃外靠、外吃内靠的两种技法功夫名曰捆法。此乃中气功夫，前贤有论，录之如下，以资对照。

> 至于中气，能令敌人进不敢进、退不敢退，浑身无力，极其危难。足下如在圆石上站着，不敢乱动，几乎足不动即欲跌倒。此时虽不打敌，敌自心服。（陈鑫《中气与浩然之气、血气辨》）

⑤ 上下分两仪：此层阳升阴降，阳轻阴重，其练是波澜法，其用是就法

此上下者，即上天下地乾坤之两仪。自身的内气为自己的天，外形为自己的地。内气者，健之体；外形者，顺之体。内气、外形的性质又是乾坤定位的结果，即乾健坤顺。

上下、进退、开合、出入、领落、迎抵，皆是出现在两仪法式中的矛盾统一的技法，即内气、外形对立统一于一体之中，“阴在阳之内，不为阳之对”，就是主从统一的意思。

气升形降，气降形升，升降运作周而复始，内气犹如水之波澜，类似心意六合拳的波浪劲、翻浪劲，故曰“其练是波澜法”。其可以“随屈就伸，随伸就屈；随起就落，随落就起”，不言“顺随”二字，只以“就”字言之，其实就是顺随之起落法式。上下、进退、开合、出入、领落、迎抵等诸法式，皆可以是就法。

⑥ 进退呈四象：此层半阴半阳，纯阴纯阳，互为往来，其练是蚕虫法，其用是伏贴法

该句承接上一句“上下分两仪”而论述四象的法式。《易经》曰：“易有太极，是生两仪，两仪生四象。”有关四象，陈鑫《太极拳经谱》中有专段论述如下。

寒往暑来，谁识其端？千古一日，至理循环。
上下相随，不可空谈；循序渐进，仔细究研。
人能受苦，终跻浑然；至疾至迅，缠绕回旋。
离形得似，何非月圆；精练已极，极小亦圈。

其中“千古一日，至理循环”一句说的就是四象法则。

何止进退呈四象，凡两仪的一切内容在攻防中皆呈现四象的法式。如果劲形反蓄，阴阳逆从，则一身之中进中有退、退中有进，此乃暗劲的法式。其根本来源于《易经》的“阳数始于一，阴数始于四”，即从少阳、太阳、少阴、太阴四象动变法则中得见攻防两仪之事实。

外形虚实，就是上下相随的四象动变。如以劲形反蓄法论之，左攻右守，左攻者形出而劲势反回旋，右守者形回而劲势反发出。右攻左守者亦如是。故名曰“互为往来”。有关此法，拳经《问答歌诀》中有详细论述，录之以资对照。

问曰：势去脚不稳，何也？
答曰：在势去意来。
势若去时要猛狠，意旋回时身步稳。
百骸筋骨一齐收，后手便顺何须恐。

此劲形反蓄法有触处成圆的化解攻击之妙用，又有方正直进的犀利攻击之妙用。正如蜘蛛游网、荷叶滚珠，静以制动，挨着何处何出发。故曰“其练是虿虫法”。虿虫者，蜈蚣、蚰蜒之类的百足之虫。如制其一处，而其身体其他部位仍能自如动变。其所用的是敷法，故曰“其用是伏贴法”，即内气、外形的内吃外靠、外吃内靠的方法。采用此法，可不攖人之力，使对手防不胜防。有关此法，前贤多有论述，择两段以证之。

> 又练打之时，前手如探子，必要理清。就是敌人一动手时，精神必要为之掀开，令彼自露其空处。然后一转进身，便处处是空中投石。所谓乘虚而入，好用机是也。（《拳经权法备要·口传百法》）

> 打手，是知人功夫。动静固是知人，仍是问己。自已要安排的好，人一挨我，我不动彼丝毫，趁势而入，接定彼劲，彼自跌出。如自己有不得力处，便是双重未化，要于阴阳开合中求之。所谓“知己知彼，百战百胜”也！（李亦畬《走架打手行工要言》）

两论中的“精神必要为之掀开”“人一挨我，我不动彼丝毫”的说法，就是对敷法、伏贴法的描述。

⑦ 开合是乾坤：此层天地相合，阴阳交合，其练是抽扯法，其用是撑法

《太极拳经谱》说：“虚实开合，即是拳经。”内气者，乾天之体，故而健运不息，纯粹之精也；外形者，坤地之体，故而镇静厚载，顺从之德。内气、外形柔外刚中匹配如一的暗劲

法式，讲的就是劲形反蓄的法式，此谓天地相合。如果再以开合法式来论述，劲形反蓄的法式就是形开劲合、形合劲开两种，也就是外吃内靠、内吃外靠。吃者为抽、为吞、为吸；靠者为撑、为吐、为呼。气形交互相合为用，彼此刚柔互用。此法简曰为吃靠法，或曰靠吃法，在各家拳谱中多有论述，录之以资为证。

总归神聚。神聚则一气鼓铸，炼气归神，气势腾挪；精神贯注，开合有致，虚实清楚。左虚则右实，右虚则左实。虚，非全然无力，气势要有腾挪。实，非全然占煞，精神要贵贯注。紧要全在胸中、腰间运化，不在外面。力从人借，气由脊发。胡能气由脊发？气向下沉，由两肩收于脊骨，注于腰间，此气之由上而下也，谓之合；由腰形于脊骨，布于两膊，施于手指，此气之由下而上也，谓之开。合便是收，开即是放。能懂得开合，便知阴阳。到此地位，工用一日，技精一日，渐至从心所欲，罔不如意矣。（李亦畬《太极拳谱·五字诀》）

胡为真懂（劲）？因视听无由未得其确也，知瞻眇顾盼之视觉，起落缓急之听知，闪还撩了之运觉，转换进退之动知，则为真懂劲，则能接及神明；及神明，自攸往有由矣。有由者，由于懂劲，自得屈伸动静之妙；有屈伸动静之妙，开合升降又有由矣。由屈伸动静，见入则开，遇出则合；看来则降，就去则升。夫而后才为真及神明矣。（《杨氏传钞老谱·懂劲先后论》）

第一段引自《太极拳谱·五字诀》，论述的是内气升者为开、降者为合的法式。第二段引自《懂劲先后论》，论的是内气、外形匹配合一，外形见入则开为阳，内劲看来则降为阴，外形遇出则合为阴，内劲就去则升为阳。两者体现的是阴阳逆从、劲形反蓄的暗劲法式。

⑧ 出入综坎离：此层火降水升，水火沸腾，其练是催法，其用是回合法

综者，错综之谓也，语出《太极拳经谱》，“或收或放，忽弛忽张；错综变化，欲抑先扬”。

传统拳法中，有宗离火的轻灵劲势，有宗坎水的松沉劲势。一般是升举的拳势用轻灵，内有松沉的劲势为配合；落降的拳势用松沉，内有轻灵的劲势为配合。这样才能保证攻防的动变平衡。此法名为“水火沸腾”，其道理即在此。

“其练是催法”中的“催”字，表明内功修炼中运行内气的方法。

具体攻防运用时，内气在自身的上下、左右、前后往来运行，轻灵、松沉相互转化为用，呈现内气、外形妙合往复的特点，故曰“其用是回合法”。

⑨ 领落错震巽：此层雷风鼓动，有起有伏，其练是抑扬法，其用是激法

传统拳术攻防之道，有遵从离火的内清虚而外灵动之轻灵功夫，有遵从坎水的外虚空而内凝重之松沉功夫。对此，上句已经论清。又有遵从震雷的“骨响齐鸣”，起之轻扬、落之重击的霹雳功夫，遵从巽风的“虚其形质，以气势为用”，无形无象的无极功夫。震者，雷拳之势，劲起于足下，传于腿，主宰于腰，升于胁，运化于胸中，发于背，过肩肘，达于手指，手法之落如震

雷之霹雳重击。巽者，风拳之势，虚其形质，以气势为用，手法之升举似巽风轻灵上扬之撩击。上撩下击，就如震雷、巽风起落之错综变化。落者为下抑法，起者为上扬法。起落抑扬，运用逆力以为揭献的借力打人之法，劲法突然，谓之激法。故曰“其用是激法”。有关起落抑扬的攻防法式，前贤多有论述，录歌诀以证之。

披揭连环破打方

任他两手来雄狠，斜行我便抑顺披。
分手进步连披挂。卖回身法钉顿肘。
右进转身总照旧，周围抑顺披挂骤。
披揭连环狠紧手，定教人人翻觔斗。

（张横秋《秘授跌打抓拿法·七招破打法》）

歌诀中的披法就是下抑法，揭法就是上扬法。“披揭连环狠紧手，定教人人翻觔斗”这句言语，充分说明了逆力以为揭献的借力打人之激法的制胜威力。

⑩ 迎抵推艮兑：此层为口为耳，能听能问，彼此通气，其练是称法，其用是虚灵法

迎者，迎接之谓也。抵者，抵达之意耳。迎抵者，攻防之事也。推者，推理演化也。艮者，知止于何时何地，即止于至善，乃当止之所在。兑者，沟通之谓也。以拳事论，运用听探之良知驾驭顺化之良能，与对方动静虚实的呼吸成一体，故曰“彼此通气”。此乃“迎抵推艮兑”的精义所在。

此层是言听劲、问劲的功夫，故曰“为口为耳”。在攻防较技中能够做到问劲清楚、听劲明白，就能够与对手的劲势“彼此

呼吸成一体”，自能“称量”对手，劲势虚实、距离远近精确无差，自能避实击虚，运用一点子黏走相生、化打合一以胜之。故曰“其练是称法”，就是听探的称量法。

因为运用听探、顺化的法式进行攻防较技，能有“一羽不能加，蝇虫不能落；人不知我，我独知人”的制胜效果，故曰“是虚灵法”。此法取自陈鑫《太极拳经谱》。

用力日久，豁然贯通。日新不已，自臻神明。
浑然无迹，妙手空空。若有鬼神，助我虚灵。
岂知我心，祇守一敬。(陈鑫《太极拳经谱》)

通过这段论述可知，只有功至神明艺境才能浑然无迹，正是虚灵妙境。有关彼此通气而成一体的虚灵妙境，前贤亦有详细描写，录之如下，以资对照。

凌空劲秘诀

露禅、班侯、孟祥间，三世心传凌空难。
我今道破其中秘，洞彻全豹反掌间。
只因传功皆口授，未尝公开告世人。
且幸恩师多倚重，教我其中步骤全。
我今说明其中义，节省时间又便传。
先须啄劲练到手，再练荡劲不费难。
透空诸劲都学会，哼哈运气亦练全。
彼此呼吸成一体，牵动往来得自然。
此时再学凌空劲，坚持功夫一二年。
手舞足蹈随心意，至此方叫功夫完。

以上诸条注解，从圆、上、下、进、退、开、合、出、入、领、落、迎、抵的十三势入手，结合一圆即太极、上下分两仪、进退呈四象、开合是乾坤、出入综坎离、领落错震巽、迎抵推艮兑之七步功夫说展开论述，可见杜元化论太极拳之十三势及七步功夫的说法，并非太极拳新概念，是完全能够认识清楚，继承明白的。其所论的修炼、建体、致用内容，与《太极拳论》《太极拳经谱》以及各太极拳家之论述并无太大的差异。

宋书铭太极长拳歌诀两首

其一

太极长拳独一家，无穷变化洵非夸。[①] 妙处全凭借劲力，当场着意莫轻拿。[②]

题解

这首歌诀出自庞大明先生《杨式秘传太极长拳》，是宋书铭的歌诀。此歌诀虽然字句简单，但是体用内容蕴藏深刻。为什么独具“无穷变化”？已然是“健顺合之至，太和一气”的艺境了。只有精心观读歌诀，方能领会其中妙谛，并为己所用。

注解

① 太极长拳独一家，无穷变化洵非夸

太极拳，亦名长拳。长拳者，生生不已，源源不断之谓也。故而，天下太极长拳独此一家，其崇尚“意气君来骨肉臣”，皆从他力取法，攻防变化并非虚浮的夸张。

“洵”，诚实，实在。“洵非夸”，即内劲实实在在，知来藏往的功夫能力并非夸张。

② 妙处全凭借劲力，当场着意莫轻拿

攻防妙处全凭“顺从以为进退，四两拨千斤；逆力以为揭献”以制胜。当场攻防较技，着意于对方的拳势，莫轻易实施拙力的拿法“资敌取辱”。谚云：“巧拿不如拙打。”

其二

掌拳肘和腕，肩腰胯膝脚。①

上下九节劲，言明须知晓。②

题解

这首歌诀亦是出自庞大明先生《杨式秘传太极长拳》，是宋书铭的歌诀。此歌诀以有形身法来说明上下九节一气贯串的功夫。

注解

① 掌拳肘和腕，肩腰胯膝脚

掌、拳、肘、腕，肩、腰、胯、膝、脚，必须内外虚实相须，一而贯之，周身一家，才能制胜。

② 上下九节劲，言明须知晓

上盘手法有肩、肘、腕三节，中盘有腰、脊、颈三节，下盘有胯、膝、踝三节，共计九节劲法。必须是“梢节领，中节随，根节催，三节齐到力增加”，方能制胜。言明其中的要妙，必须体认得清清楚楚，方不致误入歧途。

人文武术精品书系

北京科学技术出版社

武学名家典籍丛书

杨澄甫武学辑注 《太极拳使用法》《太极拳体用全书》	杨澄甫 著 邵奇青 校注
孙禄堂武学集注 《形意拳学》《八卦拳学》《太极拳学》 《八卦剑学》《拳意述真》	孙禄堂 著 孙婉容 校注
陈微明武学辑注 《太极拳术》《太极剑》《太极答问》	陈微明 著 二水居士 校注
薛颠武学辑注 《形意拳术讲义上编》《形意拳术讲义下编》 《象形拳法真诠》《灵空禅师点穴秘诀》	薛 颠 著 王银辉 校注
陈鑫陈氏太极拳图说（配光盘）	陈 鑫 著 陈东山 陈晓龙 陈向武 校注
李存义武学辑注 《岳氏意拳五行精义》 《岳氏意拳十二形精义》《三十六剑谱》	李存义 著 阎伯群 李洪钟 校注
董英杰太极拳释义	董英杰 著 杨志英 校注
刘殿琛形意拳术抉微	刘殿琛 著 王银辉 校注
李剑秋形意拳术	李剑秋 著 王银辉 校注
许禹生武学辑注 《太极拳势图解》 《陈氏太极拳第五路·少林十二式》	许禹生 著 唐才良 校注
张占魁形意武术教科书	张占魁 著 王银辉 吴占良 校注
王茂斋太极功	季培刚 辑校
太极拳正宗	杜元化 著 王海洲 点校
太极拳图谱（光绪戊申陈鑫抄本）	陈 鑫 著 王海洲 藏

武学古籍新注丛书

王宗岳太极拳论	李亦畬 著 二水居士 校注
太极功源流支派论	宋书铭 著 二水居士 校注
太极法说	二水居士 校注
手战之道	赵 晔 沈一贯 唐顺之 何良臣 戚继光 黄百家 黄宗羲 著 王小兵 校注

百家功夫丛书

张策传杨班侯太极拳108式（配光盘）	张　喆　著　韩宝顺　整理
河南心意六合拳（配光盘）	李洳波　李建鹏　著
形意八卦拳	贾保寿　著　武大伟　整理
王映海传戴氏心意拳精要（配光盘）	王映海　口述　王喜成　主编
张鸿庆传形意拳练用法释秘	邵义会　著
华岳心意六合八法拳	张长信　著
戴氏心意拳功理秘技	王　毅　编著
传统吴氏太极拳入门诀要（配光盘）	张全亮　著
吴式太极拳八法（配光盘）	张全亮　马永兰　著
拳疗百病——39式杨氏养生太极拳（配光盘）	戈金刚　戈美葳　著
尚济形意拳练法打法实践	马保国　马晓阳　著
非视觉太极——太极拳劲意图解	万周迎　著
轻敲太极门——太极拳理法与势法	万周迎　著
冯志强混元太极拳48式	冯志强　编著　冯秀芳　冯秀茜　助编
刘晚苍传内家功夫与手抄老谱	刘晚苍　刘光鼎　刘培俊　著
赵堡太极拳拳理拳法秘笈	王海洲　著
京东程式八卦掌	奎恩凤　著
功夫架——太极拳实用训练	朱利尧　著
道宗九宫八卦拳	杨树藩　著
三十七式太极拳劲意直指	张耀忠　张　林　厉　勇　著
说手——太极拳静思录（全四卷）	赵泽仁　张　云　著
太极拳心法体用——验证与释秘	宋保年　杨　光　编著
宋氏形意拳及内功四经精解	车润田　著　车铭君　车　强　编著
陈式太极拳第二路——炮捶	顾留馨　著

民间武学藏本丛书

守洞尘技	崔虎刚　校注
通背拳	崔虎刚　校注
心一拳术	李泰慧　著　崔虎刚　校注
少林论郭氏八翻拳	崔虎刚　校注
拳谱志三	崔虎刚　点校
少林秘诀	崔虎刚　校注
拳法总论	崔虎刚　点校
少林拳法总论	崔虎刚　点校
母子拳	崔虎刚　点校
绘像罗汉短打	升霄道人　编著　崔虎刚　点校
六合拳谱	崔虎刚　点校
单打粗论	崔虎刚　点校

拳道薪传丛书

三爷刘晚苍——刘晚苍武功传习录	刘源正　季培刚　编著
乐传太极与行功	乐　匋　原著　钟海明　马若愚　编著
慰苍先生金仁霖太极传心录	金仁霖　著
中道皇皇——梅墨生太极拳理念与心法	梅墨生　著
杨振基传太极拳内功心法	胡贯涛　著
卢式心意拳传习录	余　江　编著
习练太极拳之见闻与体悟	陈惠良　著
廉让堂太极拳传谱精解	李志红等　编著
武当叶氏太极拳	叶绍东　何基洪　蔡光復　著
无极桩阐微	蔡光復　蔡　韬　著
功夫上手——传统内功太极拳拳学笔记	陈耀庭　著　霍用灵　整理
会练会养得真功	邵义会　著
八极心法——传统八极拳，现代研究修法	徐　纪　著
犹忆武林人未远 ——民国武林忆旧及安慰武学遗录	安　慰　著　阎子龙　田永涛　整理

功夫探索丛书

内家拳的正确打开方式	刘　杨　著
借力——太极拳劲力图解	戴君强　著
武学内劲入门实操指导	刘永文　著
武术的科学：实战取胜的秘密	〔日〕吉福康郎　著　宋卓时　译
格斗技的科学：以弱胜强的秘密	〔日〕吉福康郎　著　宋卓时　译

格斗大师系列

伊米大师以色列格斗术	〔以〕伊米·利希滕费尔德，伊亚·雅尼洛夫　著 汤方勇　译
拳王格斗：爆炸式重拳和侵略性防守	〔美〕杰克·邓普西　著　史旭光　译

老谱辨析丛书

马国兴释读杨氏老谱三十二目	马国兴　注释　崔虎刚　整理
马国兴释读太极拳论	马国兴　注释　崔虎刚　整理
马国兴释读浑元剑经	马国兴　注释　崔虎刚　整理